# Die Oldenburger Kirchenordnung 1573

*Abbildung 1*

*Hermann Hamelmann*
*\* 1526 Osnabrück, † 26. 6. 1595 Oldenburg*

# DIE OLDENBURGER KIRCHENORDNUNG
# 1573

beschrieben von

GERHARD WINTERMANN

HEINZ HOLZBERG VERLAG
OLDENBURG

Herausgegeben vom Evangelisch-lutherischen Oberkirchenrat
in Oldenburg

ISBN 3 87358 060 8

© 1973 Heinz Holzberg Verlag KG, Oldenburg. Alle Rechte vorbehalten.
Satz und Druck: Isensee, Oldenburg. Einband: A. Kuhlmann, Oldenburg.

# INHALTSVERZEICHNIS

Geleitwort . . . . . . . . . . . . . . . . . . . 6

Hermann Hamelmann, der erste Oldenburger Superintendent 9

Die Vorrede der Kirchenordnung . . . . . . . . . . 14

Erster Teil: Die Grundlagen . . . . . . . . . . . . 24

Zweiter Teil: Die Ordnungen . . . . . . . . . . . 31

Beilagen:

    I. Von Sauberkeit der Kirchen . . . . . . . . 63

    II. Abendmahlslied . . . . . . . . . . . . . 64

    III. Von dem Almussäckel . . . . . . . . . . . 65

    IV. Von dem Konsistorium . . . . . . . . . . 65

    V. Von den Synoden . . . . . . . . . . . . 67

Abbildungen:

    1. Hermann Hamelmann . . . . . . . . . . . 2

    2. Titelblatt . . . . . . . . . . . . . . . . 12

    3. Anfang der Vorrede . . . . . . . . . . . 18

    4. Sakramentslied . . . . . . . . . . . . . 38

    5. Sakramentslied . . . . . . . . . . . . . 39

## GELEITWORT

Die Kirchenordnung, die die Brüder Johann und Anton, Grafen von Oldenburg und Delmenhorst, am 13. Juli 1573 erließen, gehört zu den späten Kirchenordnungen des Reformationsjahrhunderts. Bereits 1526 waren die ersten Kirchenordnungen in Hesesn und Schwäbisch-Hall entstanden. Die Braunschweiger Kirchenordnung Bugenhagens stammt aus dem Jahre 1529. Sie hat die Kirchenordnungen für Hamburg (1529), Göttingen (1530), Lübeck (1531), Pommern (1534), Schleswig-Holstein (1542), Braunschweig-Wolfenbüttel (1543), Hildesheim (1544) und für andere niederdeutsche Kirchen zum Teil stark beeinflußt.
Es ist bemerkenswert, daß unter der Herrschaft des Grafen Anton I. (1529—1573), der sich der Einführung der lutherischen Reformation nicht widersetzte, für die oldenburgischen Gebiete keine Kirchenordnung eingeführt wurde. Man mag darin einen weiteren Beweis dafür sehen, daß der Graf „die Reformation aus fiskalischen Gründen" betrieb. Sein ältester Sohn, Graf Johann, wandte sich nach seinem Regierungsantritt — Graf Anton I. starb am 22. Januar 1573 — neben anderen Reformplänen auch dieser Aufgabe zu. Er beauftragte den damals im Gebiet von Braunschweig-Wolfenbüttel als Generalsuperintendent wirkenden Leipziger Theologieprofessor D. Nikolaus Selnecker und den Gandersheimer Landessuperintendenten Lic. Hermann Hamelmann, eine Kirchenordnung zu schaffen. Es ist nur selbstverständlich, daß sich die beiden Theologen ältere, schon bewährte Vorlagen zunutze machten. Die mit dem Datum des 13. Juli 1573 veröffentlichte Oldenburger Kirchenordnung greift dann auch insbesondere auf die Kirchenordnungen von Braunschweig (1529) und Mecklenburg (1540) zurück.
Hamelmann, am Tage der Veröffentlichung der Kirchenordnung von Graf Johann zum Superintendenten der Oldenburgischen Lande berufen, gelang es, sicherlich mit Hilfe der vom Grafen

ernannten Konsistorialen, die Pfarrer seines Gebietes ohne Ausnahme zur Unterzeichnung dieser Kirchenordnung zu bewegen. Als dann nach dem Tode Fräulein Marias (1575) die Herrschaft Jever dem Grafen Johann zufiel, führte Hamelmann 1576 in Jever ein Religionsgespräch in der Hoffnung, auch von den dortigen Pfarrern die Unterzeichnung der Kirchenordnung zu erreichen. Nur zwei der Pfarrer des Jeverlandes waren trotz harter Disputation nicht dazu bereit. Sie mußten außer Landes gehen.
Am Ende seines Lebens konnte Hamelmann in seinem Oldenburgisch Chronicon feststellen: „Und ist ... noch heutigen Tages, Gott Lob, durch die Grafschaft einheiliger Verstand in der Religion. Der liebe, gütige und getreue Gott wolle hinfürder bei uns und unseren Nachkommen Einigkeit in der Lehre erhalten, darzu dann die Kirchenordnung als ein Richtschnur, deren die Prediger und Lehrer zu folgen haben, ein nutzbar christlich Werk ist" (Ausgabe von 1599, Seite 415).
Gerhard Wintermann hat in der folgenden Beschreibung der Oldenburger Kirchenordnung von 1573 die Gründe deutlich gemacht, warum das „nutzbar christliche Werk" Selneckers und Hamelmanns längst anderen Ordnungen Platz gemacht hat. Er hat auf den Artikel 113 der geltenden Kirchenordnung der Evangelisch-Lutherischen Kirche in Oldenburg vom Jahre 1950 hingewiesen: „Alle Rechtsetzung der Kirche soll der Verkündigung des Evangeliums und der Verwaltung der Sakramente dienen. Damit ist sie ihrem Inhalt und ihrer Ausdehnung nach begrenzt." Das schließt auch zeitliche Begrenzung ein, denn eine lutherische Kirche ist gehalten, jeweils den Menschen einer bestimmten Zeit das Evangelium zu verkünden. So wendet der Artikel 113 auf die Rechtsetzung der Kirche den grundlegenden Artikel 1 Absatz 3 der Kirchenordnung von 1950 an: „Die Kirche weiß sich verpflichtet, ihren Bekenntnisstand jederzeit an der Heiligen Schrift neu zu prüfen und dabei auf den Rat und die Mahnung der Brüder gleichen und anderen Bekenntnisses zu hören. Sie weiß, daß ihr Bekenntnis nur dann in Geltung ist, wenn es jeweils in seiner Bedeutung für die Gegenwart ausgelegt, weitergebildet und bezeugt wird. Zu dieser Haltung verpflichtet sie auch die auf der ersten Bekenntnissynode der Deutschen Evangelischen Kirche in Barmen 1934 gefallene Entscheidung und

die theologische Erklärung dieser Synode." Diese Sätze formulieren keine oldenburgische Sonderlehre, sondern die Bekenntnisgrundlage jeder lutherischen Kirche.

Wir, die wir das 400jährige Jubiläum der ersten Oldenburger Kirchenordnung begehen, können nur wünschen, daß wir selber und unsere Nachfahren solchen Gehorsam in Lehre und Leben bewähren, wie es unsere Väter zu ihrer Zeit getan haben.

D. Dr. Hans Heinrich Harms<br>
Bischof von Oldenburg

# *Hermann Hamelmann,*
## *der erste Oldenburger Superintendent*

Am 13. Juli 1573 erließen die beiden Oldenburger Grafen Johann und Anton eine Kirchenordnung, welche erstmals seit der Ausbreitung des reformatorischen Gottesdienstes auf dem Gebiet der Kirche geordnete Verhältnisse schuf.
Der 400. Geburtstag der ersten evangelischen Kirchenordnung in Oldenburg legt es nahe, ihren Inhalt dem heutigen Leser wenigstens in kurzen Zügen vor Augen zu führen.
Die Kirchenordnung von 1573 ist ein respektabler Quartband von 378 Seiten Umfang (Abbildung 2, Titelblatt). Sie wurde von den beiden gelehrten lutherisch gesinnten Theologen Nikolaus Selnecker und Hermann Hamelmann verfaßt, der eben im selben Jahr zum Superintendenten von Oldenburg und Delmenhorst berufen wurde.
Als Hamelmann (Abbildung 1) nach Oldenburg kommt, hat er sich bereits unter schweren Kämpfen an vielen Orten bewährt. Er wurde 1526 in Osnabrück geboren als Sohn eines Notars und Kanonikus am Stift St. Johann, in dessen Stiftsschule er auch den ersten Unterricht erhält. Etwa 1541 finden wir ihn in Dortmund, später kurze Zeit in Emmerich und von 1538 bis 1540 in Münster selbst. Seine Erziehung erfolgt im Geiste des damaligen Humanismus, wie er sich für unseren Raum besonders in Münster entwickelt hatte. Dieser Humanismus war weniger an der Kirche als an den Wissenschaften interessiert und verfolgte kirchlich etwa die Linie eines Reformkatholizismus, wie ihn Erasmus von Rotterdam vertreten hatte.
Erst beim Hochschulstudium in Köln, wo er am 25. Mai 1549 immatrikuliert wird, und danach in Mainz kommt Hamelmann in ein entschieden antilutherisches Fahrwasser — das Tridentiner Konzil, und damit die Gegenreformation, fängt an, sich auszuwirken! Im Jahre 1550 erhält Hamelmann die Priesterweihe in Münster und wird Pfarrer an St. Servatii daselbst. Seine theologischen Fähigkeiten und sein streng antilutherischer Standpunkt bewirken, daß seine geistlichen Oberen ihn bald zu weiteren

Diensten heranziehen. So hat er in Minden Synodalreden zu halten über Themen wie Heiligenverehrung, Zölibat, Mönchsgelübde, Fasten usw. Hier in Minden hält er auch eine Disputation mit Hermann Huddäus, den Graf Anton I. von Oldenburg zum Superintendenten für seine Grafschaft (allerdings ohne Erfolg) zu gewinnen sucht. 1552 wird er Priester in Kamen, und hier erfolgt sein entscheidender Durchbruch.

Schon vorher ist ihm sein antilutherischer Standpunkt sehr fraglich geworden. Er denkt viel über die Frage nach, ob man den Laien bei der Meßfeier den Kelch vorenthalten dürfe. Aber über dem ständigen Messelesen geht es ihm auf: der Priester darf nicht mehr den Opferkanon beten und die stille Messe halten, wenn er nicht vor Gott als Lügner und Lästerer dastehen will. In seiner Predigt am Trinitatistage 1553 bekennt er offen, zu welchen Entschlüssen er nun gekommen ist und daß er bisher im Irrtum gestanden habe. So muß er denn sein Amt aufgeben und sich nach anderen Wirkungsmöglichkeiten umsehen.

Seine Heimatstadt Osnabrück hat keinen Platz für ihn. In Ostfriesland, wohin er sich dann wendet, wäre er in der Begegnung mit Johannes a Lasco beinahe zum reformierten Bekenntnis gekommen, das er später so erbittert bekämpft hat, und ähnlich in Bremen durch die Berührung mit Albert Rizäus Hardenberg, dem Schützling des Grafen Christoph von Oldenburg. In Bielefeld gelangt Hamelmann endlich wieder ins Amt, gerät aber 1555 durch seine Fronleichnamspredigt über den rechten Gebrauch des Heiligen Abendmahls in Konflikt mit den dortigen Stiftsherren an der Neustädter Marienkirche. Er muß sich deshalb in Düsseldorf einem Verhör durch den Hofprediger des Herzogs Wilhelm von Cleve unterziehen und verliert wiederum seine Stelle.

Seit Michaelis 1555 wirkt Hamelmann als Pastor an St. Michaelis zu Lemgo, wo er längere Zeit im Amt bleibt und auch Gelegenheit zu weiterer Klärung seiner Anschauungen hat. Am 1. Juni 1558 promoviert er in Rostock zum Lizentiaten der Theologie, wo damals der weithin berühmte Theologe David Chyträus wirkte. Im Jahre 1568 erhält er einen Ruf nach Gandersheim als einer der fünf neueingesetzten Landessuperintendenten von Braunschweig. Der ebenfalls weitberühmte Martin Chemnitz hat ihn für diese Stellung im Auftrag des Herzogs examiniert. Hamelmann bekommt jedoch nach einiger Zeit Schwierigkeiten mit seinem neuen Landesherrn, weil dieser allzu stark in die kirchlichen Rechte eingriff, und folgt daher 1573 dem Rufe nach Oldenburg. Als Grundlage für den neuen Wirkungsbereich entstand die Kirchenordnung, die wohl wesentlich auf Arbeiten seines Freundes Nicolaus Selnecker beruht. Dieser war ursprünglich für die Oldenburger Stelle vorgesehen, hatte sich aber aus anderen Verpflichtungen nicht lösen können.

Mit großem Fleiß und viel Treue im großen wie im kleinen hat Hamelmann diese Ordnung in Oldenburg durchgeführt und sein Amt mit nimmermüder Sorgfalt versehen. Er verfaßte — wie schon früher — manche theologischen Werke und hielt streng auf die Einheit des Bekenntnisses. Trotzdem gelang es ihm nicht so, wie er gewünscht hat, seine Pfarrer zur Unterschrift unter die Konkordienformel zu bewegen, die das Luthertum einigen sollte. Er widmete sich darüber hinaus der Reformations- und Landesgeschichte unseres Raumes. Seine letzte Lebenszeit wurde ihm verbittert durch Streitigkeiten mit dem Oldenburger Hof. Dieser verhinderte nämlich die Drucklegung der Hamelmannschen Chronik der Oldenburger Grafschaft aus dynastischen Interessen, obwohl Hamelmann diese Chronik noch bis zum Jahre 1593 geführt hatte. Erst nachdem Hamelmann am 26. Juni 1595 die Augen geschlossen hatte, erfolgte 1599 nach dem noch in Hamelmanns Sinn gestalteteten Oldenburger Katechismus die Drucklegung in verfälschter Gestalt. Erst 1940 hat Gustav Rüthning dieses Unrecht durch Drucklegung des unverfälschten Originals wiedergutgemacht.

Um einen Einblick zu geben, wie Hamelmann selbst seine Berufung nach Oldenburg, die Einführung der Kirchenordnung und die anderen Ereignisse des Jahres 1573 gesehen hat, sei der folgende Abschnitt aus seiner Oldenburgischen Chronik (im Auszug) mitgeteilt:

„Im Jahr 1573 den 22. Januar ist Graf Anton der Ältere zu Oldenburg und Delmenhorst im Herrn Christo seliglich entschlafen. Darauf hat nun sein ältester Sohn, Graf Johann, allsofort den 8. März die Regierung angenommen und sich angelegen sein lassen, daß er beide, den geistlichen und weltlichen Stand dieser Grafschaft in gute Ordnung und Richtigkeit bringen

# Kirchenordnung/
## Wie es mit der reinen

Lere Göttliches Worts/ vnd austeilung der hochwirdigen Sacrament/ auch allerley Christlichen Ceremonien/ Vnd zum Heiligen Predigambt notwendigen Sachen/ auch in Schulen/ in der Löblichen Graffschafft Oldenburg etc.

### Sol eintrechtiglich gehalten werden.

### Gedruckt zu Jhena durch Donatum Richtzenhan Anno 1 5 7 3.

*Abbildung 2: Titelblatt*

möchte, derowegen am ersten Doktor Nikolaus Selnecker zu sich gefordert und zu Oldenburg eine Zeitlang erhalten, der dann eine christliche Kirchenordnung neben Licentiat Hermann Hamelmann beschrieben, welche hernach auf den 13. Juli verfertigt und in allen Kirchen der Grafschaft Oldenburg publiziert worden.
Im selben Jahr den 13. Juli hat Graf Johann bemeldeten Licentiaten Hamelmann zu einem Superintendent derselbigen Herrschaften konstituiert.
Auf daß auch über diese Kirchenordnung festiglich gehalten werden möchte, ist die Verordnung geschehen, daß alle Pastoren aus der Grafschaft Oldenburg und Delmenhorst, ebenso aus Stat- und Butjadingerland gegen Oldenburg erfordert worden, da sie dann examiniert und solcher Kirchenordnung unterschrieben, wie dann auch folgends in der Herrschaft Jever geschehen."

## Die Vorrede der Kirchenordnung

Um ihrer Bedeutsamkeit willen drucken wir die Vorrede, die zugleich der Einführungserlaß der Kirchenordnung ist, im Wortlaut ab (vgl. Abbildung 3: Anfang der Vorrede). Weil das Deutsch des 16. Jahrhunderts dem heutigen Leser nicht ohne weiteres geläufig ist, steht daneben eine Übersetzung in unser heutiges Hochdeutsch.

## Vorrede

Wir, Johan, graff und herr zu Oldenburg und Delmenhorst etc. und wir, Antonius, graff und herr zu Oldenburg und Delmenhorst etc., gebrüdere, entbieten den wirdigen unsern lieben, andechtigen und getreuen pfarrherrn, predigern und dienern des heiligen göttlichen worts, auch allen andern unsern untertanen und angehörigen, wes standes, wirden, condition und wesens dieselbige sein mögen, in unsern graff und herrschaften Oldenburg, Delmenhorst etc. unsern geneigten willen und fügen euch hiemit zu wissen:

Nachdem der allmechtige Gott, Vater unsers Herrn Jhesu Christi, den edlen, wolgebornen grafen, herrn Antonium, grafen und herrn zu Oldenburg und Delmenhorst etc., unsern geliebten herrn vater, durch den zeitlichen, leiblichen todt aus diesen sterblichen leben zu sich in sein ewiges reich seliglich und gnediglich abgefoddert und uns, als unsers herrn vaters, seliger und löblicher gedechtnis, söne und erben in gemelte unsere graff- und herrschaften eingesetzet, obwol nu etlich viel jar noch bey leben unsers geliebten herrn vaters seligen in unsern graff- und herrschaften die lehr des heiligen evangelii lauter und unverfelschet geprediget, auch die heiligen sacrament vermög der stiftung und einsetzung Christi, unsers einigen heilands, gehandelt und nach seinem wort und befehl ausgeteilet worden, jedoch weil mittlerzeit nicht allein allerley ungleichheit und unordnung aus mangel, das nicht ein bestendige ordnung allen unsern kirchen und schuldienern auferlegt, eingerissen, sondern auch der leidige satan aus verhengnis Gottes umb unser vielfeltiger sünden willen mit vielem bösen unkraut, falscher lere und irrtumben die reine, gesünde lere des

# Vorrede

Wir beiden Brüder, nämlich Johann und Anton, beide Grafen und Herren zu Oldenburg und Delmenhorst, geben unseren würdigen und treuen Predigern und Dienern des heiligen göttlichen Wortes sowie auch allen unseren sonstigen Untertanen, welchem Stand und Beruf sie auch angehören mögen, in unseren Graf- und Herrschaften Oldenburg und Delmenhorst unseren gnädigen Willen kund und lassen wissen:
Der allmächtige Gott, Vater unseres Herrn Jesu Christi, hat unseren geliebten Vater, den edlen Grafen Anton zu Oldenburg und Delmenhorst, durch den zeitlichen leiblichen Tod aus diesem sterblichen Leben zu sich in sein ewiges Reich abgerufen und uns als unseres Vaters Söhne und Erben in unsere genannten Graf- und Herrschaften eingesetzt. Zwar ist schon seit vielen Jahren — noch zu Lebzeiten unseres Vaters — die Lehre des Hl. Evangeliums lauter und unverfälscht gepredigt worden. Ebenso wurden die Hl. Sakramente kraft Stiftung und Einsetzung unseres einigen Heilands Jesu Christi verwaltet und nach seinem Wort und Befehl ausgeteilt. Seitdem ist jedoch manche Ungleichheit und Unordnung eingerissen, weil es an einer beständigen Ordnung mangelte, die all unseren Kirchen- und Schuldienern auferlegt worden wäre. Darüber hinaus hat auch schon lange der leidige Satan nach Gottes Fügung um unserer vielfältigen Sünden willen sich unterstanden, die reine gesunde Lehre des Hl. Evangeliums und rechten Verständnisses und Brauchs der hochwürdigen Sakramente mit

heiligen evangelii und rechtes verstands und brauchs der hochwirdigen sacrament zu vertunkeln, umb lang her sich unterstehet und umbherfrisset, auch nicht feiren wird, darin und damit fortzufaren und in diesem letzten alter der welt seine macht, list und gift zu beweisen etc., so haben wir für das erste und nötigste geachtet, an dem heubt, nemlich an kirchen und schulen, aus Gottes befehl und in Gottes namen anzufahen und mit vorgehabtem reifen, gutem, einhelligem rat auf ein solche christliche bestendige ordnung zu gedenken und die selbige in schriften auf das kürzest richtig zu verfassen, dadurch bey den kirchen und schulen unserer graff- und herrschaften keine ergerliche neuerung eingefüret und mit chur- und fürstentumben, graff- und herrschaften, die sich in einhelligen gleichen verstand zu der christlichen Augspurgischen Confession bekennen, so viel immer möglich und unserer kirchen gelegenheit erleiden mögen, durchaus gleicheit und einigkeit erhalten, inmassen denn diese unsere kirchenordnung den mehrern teil aus christlichen bewerten ordnung contrahirt und auf unserer kirchen gelegenheit dirigirt und gerichtet worden, die wir auch vermittelst göttlicher gnaden also gestelt befunden, das wir in keinen zweifel setzen, da derselben in der gemein Gottes unserer graff und herrschaften zu allen teilen gehorsamlich, wie sich gebüret, nachgesetzt und gelebt, es werde nach der lere und vermanung S. Pauli [1. K 14, 40] alles in unsern kirchen und schulen ordentlich und zierlich verrichtet, daran dem allmechtigen, gütigen Gott ein rechtes gefallen geschehen und unsere liebe und getreue untertanen an ihrer seelen heil und seligkeit aller gebür und notturft nach versorget werden.

Ist derhalben an euch alle semptlich und an ein jeden sonderlich unser gnedig gesinnen und ernstlich befehl, das ihr alle, soviel ein jeden diese oftgemelte ordnung betreffen tut, euch derselben in allwege gehorsamlich verhaltet, so lieb euch allen und einem jeden ist die huld und gnad Gottes und euer selbs seelen seligkeit, auch unser ernstlich straffe, so den mutwilligen uberfarern und verbrechern widerfaren sol, vermitten haben wollet. Daran geschicht beneben dem ernstlichen befehl Gottes auch unser gnediger und zuverlessiger wille und meinung, welches wir euch, denen wir mit gnaden gewogen, also vermelden und befohlen haben wollen.
Geben zu Oldenburg anno 1573. Den 13. Julii.

*vielem bösen Übermut, falscher Lehre und Irrtum zu verdunkeln. Er frißt weiter um sich und wird nicht ablassen, darin weiter fortzufahren und so in diesem Weltzeitalter seine Macht, List und Gift zu beweisen. Daher haben wir es für das Wichtigste und Nötigste gehalten, bei der Hauptsache, nämlich Kirchen und Schulen, auf Gottes Befehl und in Gottes Namen anzufangen, eine solche christliche beständige Ordnung reiflich zu überlegen und sie schriftlich in aller Kürze abzufassen, so daß bei Kirchen und Schulen unserer Graf- und Herrschaften keine anstoßerregende Neuerung eingeführt und mit Kur- und Fürstentümern, Graf- und Herrschaften, die sich mit gleichem einhelligen Verständnis zur christlichen Augsburgischen Konfession bekennen, völlige Gleichheit und Einigkeit erhalten wird, soweit es irgend möglich ist und sich mit der besonderen Beschaffenheit unserer Kirche verträgt. Daher wurde diese unsere Kirchenordnung zum größten Teil aus christlichen bewährten Ordnungen zusammengestellt und auf die besondere Lage unserer Kirche ausgerichtet. Nach unserem Urteil ist sie auch mittels göttlicher Gnade so geschaffen, daß wir keinen Zweifel haben: wenn derselben in der Gemeinde Gottes unserer Graf- und Herrschaften vollständig und gehorsam wie es sich gebührt nachgelebt werde, so wird nach der Lehre und Vermahnung des Apostels Paulus (1. Kor. 14, 40) alles in unseren Kirchen und Schulen ordentlich und ehrbar verrichtet werden. Daran hat der allmächtige und gütige Gott sein Wohlgefallen und unsere lieben und getreuen Untertanen werden an ihrer Seelen Heil und Seligkeit nach aller Gebühr und Bedürfnis versorgt.*

*Darum ergeht an euch alle zusammen und einzeln unsere gnädige Meinung und ernstlicher Befehl, daß ihr alle, soweit einen jeden diese genannte Ordnung betrifft, allezeit Gehorsam leistet, so lieb euch allen und jedem einzelnen die Huld und Gnade Gottes und eurer eigenen Seele Seligkeit ist und ihr auch unsere ernstliche Strafe vermeiden wollt, welche den mutwilligen Übertretern widerfahren wird. So geschieht neben dem ernstlichen Befehl Gottes auch unsere gnädige und bestimmte Meinung, welche wir euch, denen wir in Gnade gewogen sind, kundgeben und befohlen haben wollen.*

*Gegeben zu Oldenburg, am 13. Juli 1573.*

# Vorrede.

WJR Johan Graff vnd Herr zu Oldenburg vnd Delmenhorst/etc. Vnd wir Antonius Graff vnnd Herr zu Oldenburg vnnd Delmenhorst etc. Gebrüdere/Entbieten den wirdigen vnsern lieben andechtigen vnd getrewen/Pfarrherrn/Predigern vnnd Dienern des heiligen Göttlichen worts/ auch allen andern vnsern Vnterthanen vnd angehörigen/wes Standes/Wirden/Condition/vnd wesens dieselbige sein mögen/in vnsern Graff vnd Herrschafften/Oldenburg/Delmenhorst/etc. Vnsern geneigten willen/vnd fügen euch hiemit zu wissen.

*Abbildung 3: Anfang der Vorrede*

## Erläuterung der Vorrede

Die Vorrede macht dem heutigen Leser den geschichtlichen Abstand deutlich. Hier fühlen sich die Landesherren, die beiden Grafen Johann und Anton offensichtlich berechtigt, den Einwohnern der Grafschaft Oldenburg ihre Religion vorzuschreiben, die doch nach heutiger Auffassung innerster Herzensentscheidung eines jeden Menschen vorbehalten und daher der staatlichen Gesetzgebung entzogen sein muß. Man glaubt, hier eine Vorform jener Weltanschauungen vor sich zu haben, wie sie etwa in totalitären Bewegungen heutiger Tage üblich ist. Das wäre aber ein Irrtum, der nur entstehen kann, wenn die geschichtliche Entwicklung nicht gebührend berücksichtigt wird.

Diese Verfügungsgewalt des Landesherrn auch über die Glaubenshaltung seiner Untertanen hat sehr weitreichende Wurzeln. Das altsächsische Heliandgedicht zeigt uns diesen Heliand, also den Heiland Jesus Christus, unter der Gestalt eines sächsischen Herzogs, der die Jünger als seine Kampfgefährten um sich versammelt, um für das Reich Gottes zu kämpfen. Nicht anders verstand sich Karl der Große, wenn er unter Anwendung äußerer Gewalt gerade in unserem sächsischen und niedersächsischen Raum die Einwohner dazu trieb, sich scharenweise taufen zu lassen, zumal nachdem Widukind nicht unter dem Zwang äußerer Gewalt, sondern freiwillig, weil von der Ohnmacht der Sachsengötter überzeugt, die Taufe auf sich genommen hatte.

Schon große Kirchenlehrer des Mittelalters, nicht zuletzt ein Augustin, hatten ja Jesu Aufforderung, alle Gäste zum Hochzeitsmahl des Königs einzuladen, in einer Weise verstanden, daß bei solcher Einladung auch die Anwendung weltlicher Zwangsmittel nicht ausgeschlossen war. Das deutsche Kaisertum des Mittelalters hatte die Bischöfe zu weltlichen Fürsten gemacht, um auf diese Weise dem Partikularismus der einzelnen Stämme Deutschlands entgegenzuwirken. Auch das Papsttum nahm so weltliche Herrschaftsrechte für sich in Anspruch, und dieser Anspruch führte dann zu jenem Streit zwischen Kaisertum und Papsttum, der die deutsche Geschichte weithin bestimmt hat. Je mehr aber die zentrale Gewalt auf beiden Seiten verfiel, um so mehr waren weltliche Herren bestrebt, auch in Kirchendingen mitzubestimmen.

Beide Seiten, die sogenannte geistliche wie auch die weltliche Seite, waren sich in einem Punkte einig: beide Seiten glaubten an den einen Gott.

Ein Staat, wie wir ihn heute kennen, der sich selbst für religiös, konfessionell oder weltanschaulich neutral erklärt, ist damals einfach unmöglich. Auch zu Luthers Zeit ist das nicht anders. Die Wende in der Sicht dieser Dinge ist erst in der neuesten Zeit eingetreten, und man wird daher auch von den beiden Grafen, welche die Kirchenordnung in Kraft setzten, nicht erwarten können, daß sie in diesem Punkt neuzeitlich gedacht hätten.

Es kommt aber noch ein weiteres wichtiges Moment hinzu. Martin Luther hatte durch seine theologisch begründete Kritik am Papsttum und durch die Verbrennung des kanonischen Rechts vor dem Elstertor in Wittenberg den Bruch mit den alten Formen kirchlicher Organisation vollzogen. Auf der anderen Seite wuchs die reformatorische Bewegung immer mehr an. Gemeinden, die sich dem Evangelium zugewandt hatten, aber auch einzelne Pfarrer, wandten sich an Luther mit ihren Fragen, wie es nun mit der kirchlichen Organisation in ihren Gemeinden nach evangelischem Verständnis gehalten werden sollte.

Luther hat sich hier zunächst weithin zurückgehalten. Er war nicht in hervorragendem Maße an kirchenrechtlichen und kirchenorganisatorischen Fragen interessiert, er war Prediger, Katechet und Seelsorger. Nun aber hatte er mit den alten Gewalten endgültig gebrochen und mußte nach Wegen suchen, evangelisches Kirchenleben in sachgemäße Formen zu überführen. Wenn das Papsttum dafür ausfiel, so mußte Luther sich an die andere Gewalt halten, die schon seit langem auf dem Plane war. Das war die Gewalt der Territorialherren, also der vielen kleinen Fürsten, Grafen und Herren, aber auch der Stadträte und Senate. Zunächst einmal mußte dies in seinem engsten Bereich geordnet werden. Er hatte noch im Jahre 1524 die Anschauung vertreten, man solle doch alle diese Dinge frei wachsen lassen. Wenn nur die Einheit der Geister in Glauben und Wort gewahrt bleibe, so sei die Verschiedenheit und Mannigfaltigkeit im Fleische und den Elementen der Welt doch einerlei. Aber ließ sich das wirklich durchführen? Es ergaben sich ja, wie auch unsere Kirchenordnung zeigt, allerlei kirchenrechtliche Fragen, die mit dem Kirchengut und der Besoldung zusammenhingen. Zudem bedurften die evangelischen Prediger der Ausbildung nach gewissen übereinstimmenden Richtlinien, wenn nicht völlige Unordnung einreißen sollte. Endlich mußte ein wie auch immer gearteter Zusammenhang zwischen den einzelnen Gemeinden hergestellt und erhalten werden. Bedrohlich genug zeigte sich auch die schwärmerische Bewegung, die, wenn auch zunächst gewaltfrei, alle äußere Ordnung verachtete und so schließlich doch zur gewaltsamen Durchsetzung von Ideen der jeweils maßgebenden Geister führen mußte.

Noch kurz vorher hatte Luther durch seine Predigt eine solche Bewegung in Wittenberg wieder in die rechte Bahn lenken können. Aber schon zeigten sich die Vorboten des heraufziehenden Bauernaufstandes, und die Gewaltherrschaft der Schwärmer in Münster hat schließlich unwiderleglich bewiesen, worauf es hinauslaufen mußte, wenn hier nicht steuernd eingegriffen wurde.

Der damalige Kurprinz Johann Friedrich von Sachsen trug an Luther wohl erstmalig den Gedanken heran, der Reformator möge doch selber nach apostolischem Vorbild die Gemeinden besuchen, die Prediger prüfen und solche, die sich als untauglich erwiesen, mit Hilfe der Obrigkeit absetzen. Hier taucht erstmals der Gedanke einer Kirchenvisitation auf, allerdings sofort mit dem Beiklang, daß die Obrigkeit ihren helfenden Arm leihen solle, ein Gedanke, der dann auch für unsere Kirchenordnung wichtig wird. Luther hat, allerdings erst nach mehreren Jahren, diesen Gedanken aufgegriffen. Es ist dann zur Durchführung einer solchen Kirchenvisitation gekommen, welche die vorhandenen Mängel deutlich genug ans Licht brachte. Luther hat freilich wohl gesehen, daß hiermit ein Grundgedanke seiner Reformation zwar nicht geradezu preisgegeben, aber doch entscheidend verändert wurde. Die Instruktion, welche den damaligen Visitatoren mit auf den Weg gegeben wird, schlägt neue Bahnen ein. Die Entwicklung geht nicht mehr von der Gemeinde aus, indem sich Gemeinde an Gemeinde reiht und dann gleichsam ein Zusammenschluß föderativer Art erfolgt, sondern es wird nun von oben her durch Landesfürsten *verfügt* (dieser Ausdruck taucht mehrfach auf). Wohl hoffte Luther immer noch, es möchte sich sozusagen von selbst ergeben, was in kirchenorganisatorischer Richtung nötig war. Es zeigte sich aber in aller Deutlichkeit, daß dies nicht der Fall war. So mußte Luther die Obrigkeit in Anspruch nehmen, um Zwietracht, Rotten und Aufruhr zu verhüten, aber dennoch wehrt er sich auch jetzt noch gegen den Gedanken, ein solches Vornehmen könnte etwas anderes sein, als ein Not- und Liebeswerk, das der Kurfüsrt durchführen soll, weil nur er über die dazu nötigen Machtmittel verfügt. Wenn er den Kurfürsten und andere dazu geeignete gelehrte Männer um solchen Dienst angeht, so möchte er ausgeschlossen wissen, daß dies als ein Recht der staatlichen Obrigkeit angesehen werde, auch innerhalb der Kirche zu regieren. Denn solche Regierungsgewalt kommt allein dem Worte Gottes zu.

Aber Luther täuschte sich, wenn er meinte, hier noch eine Entwicklung aufhalten zu können, die seit langer Zeit viel zu mächtig gewesen war. Schon viel früher hatte ja der katholische Kardinal und weitbekannte Theologe Nikolaus von Cues (Cusanus) es als Bischof von Brixen mit dem gleichfalls katholischen Landesherrn, dem Herzog von Tirol, zu tun bekommen, als er ein in Ausschweifung geratenes Nonnenkloster wieder zur rechten monastischen Ordnung zurückrufen wollte. Damals hatte der katholische Landesherr den katholischen Kardinal einfach verhaften und nach seinem Willen die bischöflichen Geschäfte wahrnehmen lassen. Als der so behandelte Kirchenfürst, endlich freigekommen, sich dann sofort nach Rom begab und von dort aus das gesamte Bistum mit dem Interdikt belegte, so daß überhaupt kein Gottesdienst mehr dort gehalten werden sollte, mußte er erfahren, daß nur ein geringer Teil der Geistlichkeit diesem Befehl nachkam; der größere Teil blieb unter dem Druck der weltlichen Obrigkeit dem Edikt des Bischofs den Gehorsam schuldig.

So stand nun Luther zu seinem Kurfürsten nicht. Trotzdem erinnert er sehr wohl daran, daß es dem Landesherrn nicht befohlen ist, zu lehren und geistlich zu regieren, sondern lediglich als weltliche Obrigkeit darauf zu achten, daß der Zwietracht und dem Aufruhr gewehrt werde. Doch ging die Entwicklung über ihn hinweg. Schon 1526 hatte der Reichstag in Speyer bestimmt, daß jeder der weltlichen Herren es mit der Religion in seinem Herrschaftsgebiet so halten möge, wie er es vor Gott und kaiserlicher Majestät zu verantworten sich getraue. Schon hier bahnt sich der spätere unheilvolle Grundsatz an: „cuius regio, eius religio." Das

bedeutet: Der Landesherr bestimmt über den Glauben seiner Untertanen.
Dieser Geist, wenn auch nicht in so ausgesprochener Schärfe, bestimmt doch auch die Vorrede unserer Kirchenordnung. Die weltliche Obrigkeit versteht sich jetzt als Wächterin über beide Tafeln des göttlichen Gesetzes, sie wacht sowohl über das, was den Gottesdienst, als auch das, was das Leben in der Welt regelt. Dies alles wird man vor Augen haben müssen, wenn man die Vorrede zur Kirchenordnung überhaupt verstehen will.
Daß es zu einer Kirchenordnung gerade im Oldenburger Raum kommen mußte, war nun allerdings die höchste Zeit. Vor dem Regierungsantritt der beiden Grafen Johann und Anton im Jahre 1573 waren die Verhältnisse völlig ungeordnet geblieben. Der seit 1529 allein regierende Graf Anton I. hatte die Kirchenangelegenheiten nur zur linken Hand durch seinen Kanzler mit wahrnehmen lassen. Er hatte darüber hinaus mit harter Hand in das Kirchengut eingegriffen und eine kaum vorstellbare Menge von Kirchengut in Staatsbesitz überführt. Er war eben auch in diesem Punkte seinen Untertanen, wie diese damals klagten, „ein harter Herr".
Leider reichen unsere archivalischen Quellen nicht aus, um festzustellen, in welcher Weise dieser Graf das Kirchenregiment geführt hat. Jedenfalls wird sein Kanzler Nikolaus Vagt, früherer katholischer Geistlicher und später Lizentiat der Rechte, dabei eine erhebliche Rolle gespielt haben, die sich im einzelnen nicht mehr belegen läßt. Ohne genauere archivalische Unterlagen als die bisher zur Verfügung stehenden wird sich darüber kaum etwas ermitteln lassen. Die allgemeine Klage aller Forscher aber, die sich mit dieser Periode oldenburgischer Kirchengeschichte beschäftigt haben, geht dahin, daß sich das entsprechende Material nicht habe finden lassen, so daß kaum Hoffnung besteht, diese Zeit wirklich aufhellen zu können. Die Visitationsprotokolle aber, die sich nach Einführung der Kirchenordnung vorfinden, lassen deutlich genug erkennen, welche Unsicherheit und Verwirrung in jener Zeit, etwa seit 1529, eingerissen war. Unter dieser Unordnung hatten Pfarrer und Gemeindeglieder gleichermaßen zu leiden. Es ist ein nicht zu unterschätzendes Verdienst Hamelmanns und dieser Kirchenordnung, daß sie hier wieder feste Richtmarken gesetzt

und damit der eingerissenen Unordnung tatkräftig gewehrt hat. Man muß es auch den beiden Grafen, die diese Vorrede unter ihrem Namen ausgehen ließen, einfach abnehmen, daß es ihnen ernst war damit, daß nicht nur die Lehre des heiligen Evangeliums lauter und unverfälscht gepredigt und die heiligen Sakramente stiftungsgemäß ausgeteilt würden, sondern auch der Unordnung und dem Ärgernis soviel wie möglich gewehrt werden möchte.

Die Kirchenordnung ist sicherlich kein Meisterwerk. Die Vorrede gibt offen zu, daß ihre Bestimmungen aus den verschiedensten Ordnungen, die schon bestanden, zusammengerafft worden sind, so daß man von einer eigentlich oldenburgischen Kirchenordnung kaum reden kann. Aber trotzdem ist hier der Anfang eines evangelisch geordneten Kirchenwesens gemacht worden, auch wenn die einzelnen Prinzipien solcher Ordnungen unseren heutigen Vorstellungen nicht mehr entsprechen mögen. Es wäre auch uns Heutigen durchaus nützlich, diese Kirchenordnung wieder kennenzulernen, um gerade in einer Zeit, die in den Fragen der Kirchenordnung, der Kirchenreform und der Kirchenkritik sich so direktionslos zeigt, eine Hilfe zu geben, nicht in der Absicht, damalige Bestimmungen und Ordnungen wieder ins Leben zu rufen, was ja einfach unmöglich ist, wohl aber, um in kritischer, aber sachbezogener Auseinandersetzung mit ihren Bestimmungen in unserer Zeit die Wege zu finden, die eine evangelische Kirche gehen muß und gehen kann.

## *Erster Teil: Die Grundlagen*

Wer von einer heutigen Kirchenordnung, etwa der jetzt in Oldenburg geltenden, zu Hamelmann kommt, glaubt sich in eine fremde Welt versetzt. Wohl kennt auch unsere jetzige Kirchenordnung „grundlegende Bestimmungen", in denen von der Begründung der Kirche und ihrer Ordnung im Evangelium von Jesus Christus die Rede ist. Aber diese Bestimmungen sind äußerst knapp gefaßt und sagen nur das Unerläßliche. Bei Hamelmann ist dieser erste Teil breit ausgeführt und umfaßt mehr als die Hälfte des gesamten Werkes (255 von 378 Seiten). Nach Bestimmungen über die Kirchengemeinde und ihr Leitungsorgan, den Gemeindekirchenrat, sucht man vergebens. Weder die Sache noch das Wort kommen bei Hamelmann vor.

Wohl kennt Hamelmann eine Synode — aber sie ist eine reine Amtsträgersynode, vergleichbar etwa dem in unserer heutigen Ordnung vorgesehenen Allgemeinen Pfarrkonvent. Diese Amtsträgersynode versammelt sich auf Einladung des Generalsuperintendenten und behandelt Fragen der Lehre und des christlichen Glaubens. Aber jede wirkliche Leitungsfunktion geht ihr ab, sie hat also auch kein Recht zur Gesetzgebung. Alle Bestimmungen über die Ordnung der Kirche erläßt vielmehr der Landesherr, der auch die Kirchenordnung selbst erlassen hat und dies als Teil seiner Regentenpflicht und -vollmacht ansieht.

Auch Hamelmann kennt eine kirchenleitende Behörde — aber das ist kein Oberkirchenrat im Sinne der heutigen oldenburgischen Kirchenordnung, sondern eine landesherrliche Einrichtung, das Konsistorium. Sie soll tätig werden bei Lehrabweichungen, Unsittlichkeit und Ehefragen, bleibt aber dabei auf die Mitwirkung der gräflichen Regierung und ihrer nachgeordneten Organe angewiesen, wenn die eigene Bemühung nicht fruchtet.

Kurzum: Man muß sich von Vorstellungen des 20. Jahrhunderts völlig frei machen, wenn man sich mit Hamelmann beschäftigt. Man darf auch diese Vorstellungen keineswegs zum Maßstab für die Beurteilung von Hamelmann machen. Eine Kirchenordnung kann nicht ewig unveränderlich gelten. Sie ist stets bezogen auf den geschichtlichen Ort, an dem sie besteht und zu dem sie gehört. Gerade darum schärft der Blick auf eine Kirchenordnung vergangener Tage die Sicht dafür, ob und wie Kirchenordnung unter heutigen Verhältnissen gelingen kann, wenn von ihr gelten soll, was von kirchlicher Rechtsordnung überhaupt gefordert werden muß: „Alle Rechtssetzung der Kirche soll der Verkündigung des Evangeliums und der Verwaltung der Sakramente dienen. Damit ist sie ihrem Inhalt und ihrer Ausdehnung nach bestimmt und begrenzt" (Art. 113 der heutigen Oldenburgischen Kirchenordnung).

## Gottesdienstordnung und landesherrliches Kirchenregiment

Als Hamelmanns Kirchenordnung im Jahre 1573 erlassen wird, ist Luther bereits fast 40 Jahre tot. Am Tage vor seinem Tode hatte er noch die Worte niedergeschrieben: „Die Heilige Schrift meine niemand genugsam erfahren zu haben, er habe denn zuvor hundert Jahre lang mit den Propheten und Aposteln die Gemeinde geleitet. Wir sind Bettler. Das ist wahr."

In diesem Wort ist noch einmal gleichsam um zwei Brennpunkte versammelt, worum Luther sein Leben lang hatte ringen müssen: die Heilige Schrift und ein ihr gemäßer Aufbau der Gemeinde. In der Heiligen Schrift und durch sie hatte Luther das Evangelium wiederentdeckt, die frohe Botschaft von der Annahme des sündigen Menschen durch Gott allein um Christi willen. So hatte er diese seine Entdeckung in seiner Katechismuserklärung klassisch beschrieben: „Ich glaube, daß Jesus Christus... mich verlorenen und verdammten Menschen erlöst hat, erworben, gewonnen von allen Sünden, vom Tode und von der Gewalt des Teufels, nicht mit Gold oder Silber, sondern mit seinem heiligen teueren Blut und mit seinem unschuldigen bitteren Leiden und Sterben, auf daß ich sein eigen sei und ihm diene in ewiger Gerechtigkeit, Unschuld und Seligkeit." Diese Wiederentdeckung konnte aber keinesfalls auf den einzelnen beschränkt werden, denn, wie Luther wiederum im Katechismus klassisch formuliert: „Der Heilige Geist beruft, sammelt, erleuchtet und heiligt die ganze Christenheit auf Erden und erhält sie im rechten einigen Glauben."

Diese am und im Evangelium gewonnene Erkenntnis hatte Luther in den Zwei-Fronten-Krieg hineingeführt, der ihm sein Leben lang aufgetragen blieb. Wenn diese evangelische Erkenntnis galt, so mußte sie unbedingt zum Gegensatz führen zur damaligen römisch-katholischen Kirche, die ihn als Ketzer aus ihrer Mitte stieß, wie denn das kaiserliche Regiment die Reichsacht über ihn verhängte. Wenn durch das Wormser Edikt die Schriften Luthers und seiner Anhänger verboten und zur Verbrennung bestimmt wurden, so war damit auch äußerlich die Trennung von der alten

Kirche vollzogen. Wer sich zu Luther hielt, mußte sich klar sein, daß auch ihm Acht und Bann galt.

Luther selbst hatte ja erkannt, daß seine Predigt des Evangeliums, mit der er die bestehende Kirche lediglich reformieren wollte, ihn in unaufhebbaren Gegensatz zu deren Organisation brachte. So hatte er denn zum äußeren Kennzeichen dafür schon im Dezember 1520 vor dem Elstertor in Wittenberg das kanonische Recht ins Feuer geworfen und damit öffentlich kundgemacht, daß eine Kirche, die sich zur Predigt des Evangeliums hielt, nicht weiterhin mehr eine Gestalt haben dürfe, wie sie sich die römisch-katholische Kirche als hierarchisch geordnete sakramentale Heilsanstalt kraft angeblichen göttlichen Rechtes gegeben hatte.

Damit hatte Luther aber auch die Brücken hinter sich verbrannt: Nachdem der Bruch mit dem Papsttum vollzogen war, mußte Luther den Gottesdienst und die kirchliche Ordnung neu gestalten. Hierfür mußte er die Verbindung mit einer Macht suchen, die schon vorher infolge der Schwächung der kaiserlichen Zentralgewalt immer mehr in den Vordergrund getreten war. Dies war das Landesfürstentum.

Luther ging in der Folgezeit zunächst den eigenen Landesfürsten darum an, mit seinen Machtmitteln den Freiraum für eine evangeliumsgemäße Gestaltung der Kirche und ihrer Ordnung offenzuhalten. Das sollte ein Liebes- und Notdienst sein, um den der Landesfürst deswegen angegangen wurde, weil nur er über entsprechende Machtmittel verfügte. Allerdings: Damit wurde ein hoher Preis gezahlt. Was als Not- und Liebesdienst einer obrigkeitlichen Person gedacht war, das entwickelte sich alsbald zu einem Bestandteil landesherrlicher Vollmacht über die Kirche. Das hat auch Luther zu spüren bekommen, wie seine zahlreichen Proteste — zumal gegen Ende seines Lebens — beweisen. Aber er hat die Entwicklung hin zum landesherrlichen Kirchenregiment, die er nicht wollte, schließlich doch nicht verhindern können.

Das wurde ihm auch dadurch erschwert, daß sich andere Kräfte ans Werk gemacht hatten, um die Kirche lutherischer als Luther neu zu gestalten. Es waren dies die von Luther so genannten Schwarmgeister oder Schwärmer, also Karlstadt, Münzer u. a., die schon während Luthers Abwesenheit auf der Wartburg versucht hatten, ihren Einfluß entsprechend geltend zu machen. Hier aber sah Luther noch größere Gefahr. Die Ereignisse in Wittenberg selbst, gegen die er 1522 in seinen berühmten Fastenpredigten ankämpfte, und die er damals noch überwand, machten ihn für alle Zeiten mißtrauisch gegen jeden noch so geistlich begründeten Verzicht auf äußere Mittel der Verkündigung und Ordnung. Der Bauernkrieg, der sich im Zusammenhang mit der schwarmgeistigen Bewegung erhob und — gegen Ende seines Lebens — das Blutregiment der Täufer in Münster zeigten ihm, wohin ein Weg führen mußte, der so ganz ohne äußere Ordnung auskommen wollte.

So wies Luther denn seinen Kurfürsten auf den Weg der Visitation der Gemeinden, bei der er selber, wie auch andere seiner Mitarbeiter, tätig wurde, und auf den Weg einer allmählichen den jeweiligen Verhältnissen angepaßten Erneuerung des Gemeindeaufbaus. Wohl war sich Luther darüber klar, daß die Neugestaltung des Gottesdienstes und der kirchlichen Ordnung nur in Freiheit geschehen könne, daß aber andererseits der Weg der Selbsthilfe nichts verbessern, sondern nur verschlimmern werde. Luthers Hoffnung ruhte darauf, daß die Predigt des reinen Evangeliums auch zu einer Ordnung führen werde, wie sie diesem Evangelium gemäß ist.

## *Die reine Lehre*

Der Zweifrontenkrieg gegen Papstkirche und Schwarmgeister hatte nun eine besondere Auswirkung. Auch die Erfahrungen, die bei der Visitation gemacht worden waren, wiesen in die gleiche Richtung. Es galt, die Gemeinden aufzuklären über den rechten Glauben und sie darin zu erhalten. Diesem Zweck dienten schon Luthers Katechismen. An keinem Ort wurde aber die neue Lehre einheitlich von einer ganzen Stadt- oder Landgemeinde übernommen. So mußte denn die neue Predigt auch lehrmäßig gefaßt werden, um sie dem Verständnis nahezubringen.

Hierbei machte sich eine tiefgreifende Veränderung bemerkbar, wenn sie auch erst nach Luthers Tode zu ihrer vollen Auswirkung kam. Das Christusbekenntnis im Rechtfertigungsartikel war bei

Luther ein Widerfahrnis, das den ganzen Menschen ergriff und ihn von innen heraus veränderte. Im Bestreben, dieses Widerfahrnis auch lehrmäßig darstellen zu können, wurde im Laufe einer längeren Entwicklung schließlich ein Moment in den Vordergrund geschoben, das ursprünglich eben nur ein Moment unter anderen gewesen war. Die Rechtfertigung des Menschen vor Gott wurde allmählich immer mehr als ein Urteilsspruch aufgefaßt, als ein Freispruch, der dem schuldigen Menschen zugesprochen wird. Wurde die Rechtfertigung auf diese Weise zu einer Gerechterklärung, so erwies sich, daß man diese Gerechterklärung eben als ein Urteil auch vernunftgemäß darstellen und erfassen könne. Aus der Rechtfertigung wurde die Rechtfertigungslehre, die in immer stärkerem Maße ausgebaut und verstandesmäßig abgeleitet werden konnte. War Luthers Bekenntnis zur Rechtfertigung noch ein freier Lobgesang auf die unbegreifliche Güte und Barmherzigkeit Gottes gewesen, so entwickelte sich jetzt allmählich ein Lehrsystem, das, in Frage und Antwort abgehandelt, es ermöglichte, den Glauben schließlich durch das Für-wahr-halten der in Lehrsätzen niedergelegten Heilswahrheiten zu ersetzen.

Von daher nimmt es nicht wunder, daß die großen Lehrauseinandersetzungen, wie sie schon in der Reformationszeit und vor allem nachher notwendig waren, auch ihren Niederschlag in den Kirchenordnungen fanden. Es entstanden förmliche Gebäude der kirchlichen Lehre, die dann als erster Teil den Kirchenordnungen einverleibt wurden. Daraus erklärt sich auch der Aufbau, den solche Kirchenordnungen zu haben pflegen.

Auch bei Hamelmann soll die Kirchenordnung darüber Auskunft geben, wie es mit der reinen Lehre des göttlichen Wortes und Austeilung der hochwürdigen Sakramente, auch mit allerlei christlichen Zeremonien (das sind Gottesdienstordnungen) und zum Heiligen Predigtamt notwendigen Sachen soll einträchtiglich gehalten werden. Kirchenordnung besteht nun vornehmlich in diesen drei Stücken:

1. in rechter, reiner und gesunder Lehre des Gesetzes und des Evangeliums und im rechten Verstand und Brauch der hochwürdigen Sakramente, nämlich der Taufe und des Heiligen Abendmahls,

2. in ehrlichen, nützlichen äußerlichen Zeremonien, welche zur

Erhaltung und zur Zier des Heiligen Predigtamtes, auch zu gutem Beispiel und zur Verhütung von allerlei Ärgernis gehören,

3. in Erhaltung christlicher Schulen und Studien und Verordnung gewisser Güter und Einkommen, damit die Prediger in den Kirchen und die Lehrer in den Schulen ihren Unterhalt haben können.

So beginnt nun bei Hamelmann der breit ausgeführte erste Teil, nämlich von der Lehre. Hier werden nun zunächst das Alte und Neue Testament genannt, als deren kurze Summa die drei altkirchlichen Glaubensbekenntnisse und die Bekenntnisschriften der Reformation aufgeführt werden. Das sind die Quellen, welche die Pfarrer kennen sollen, um nach ihnen die christliche Lehre dem Volk verständlich und ungefälscht vortragen zu können.

In Frage und Antwort werden die Hauptstücke dieser Lehre abgehandelt, und zwar zunächst in Bezug auf die Lehre von der Dreieinigkeit. Darauf folgen dann andere Lehrstücke, nämlich von den Engeln, von der Schöpfung der Welt, von des Menschen Fall, von der Sünde und vieles andere mehr. Dabei wird deutlich: die Fragen, die hier vorgelegt werden, sind keine echten Fragen, sondern werden nur gestellt, um die Antwort geben zu können, die schon vorher gefunden ist.

Es würde zu weit führen, die ganze Fülle der Lehrfragen, die hier abgehandelt werden, auch nur annäherungsweise darzustellen. Im Zusammenhang mit der Behandlung des Abendmahls wird natürlich auch die Auseinandersetzung mit den Schwärmern, ebenso wie mit der päpstlichen Lehre, ausführlich vorgetragen und am Schluß die Hoffnung ausgesprochen, daß nach dieser Anleitung fleißige Pastoren sich wohl zu entscheiden und sich in allen christlichen Lehrartikeln gesunder heilsamer Wörter befleißigen werden.

Der erste Abschnitt schließt mit einem Gebetswunsch und den in griechischer Sprache niedergeschriebenen Wörtern: „Gott die Ehre." Bezeichnenderweise wird schon an dieser Stelle Ort und Datum angegeben: Oldenburg, den 20. Juni 1573, so daß dieses erste Stück auch als ein gesonderter Bestandteil hätte erscheinen können.

So seltsam und fremd diese Lehrauseinandersetzungen uns Heu-

tigen auch erscheinen, so sehr wir geneigt sein mögen, alle diese Dinge als „tote Orthodoxie" oder „Leerformel" zu verwerfen, eines sollte doch nicht übersehen werden: auch hier klingt immer wieder der seelsorgerliche Ton einer echten Bemühung um das Heil der Menschen vor Gott auf. Gerade darum wird die Wahrheitsfrage so ernstgenommen. Man soll nicht glauben dürfen, was man will, sondern was zum zeitlichen und ewigen Heil dient.
Als Beispiel dafür mag ein Lied dienen, das im Gesangbuch unter Nr. 242 steht: „Es ist das Heil uns kommen her aus Gnad und lauter Güten." Das Lied liest sich wie eine gereimte Dogmatik, und doch gewinnt es ein ganz anderes Ansehen, wenn man bedenkt, unter welchen Umständen es entstand. Es wurde verfaßt von dem lutherischen Pfarrer der Gemeinde Iglau in Mähren, dem früheren katholischen Domprediger in Salzburg und Würzburg, der schon 1519 zur Reformation gefunden hatte, Paul Speratus. Er schrieb dieses Lied im Gefängnis zu Olmütz als einer, der seiner evangelischen Predigt wegen schon zum Feuertode verurteilt war. Wer mit den Flammen des Scheiterhaufens vor Augen so schreiben kann, wie Speratus es getan, der wollte mehr, als nur dogmatische Formeln überliefern. Er wollte seiner Gemeinde Iglau noch einmal ins Herz rufen, was er ihr gepredigt hatte, und damit angesichts des Feuertodes um dieser Predigt willen noch einmal bezeugen, worin er für sich selber das Heil gefunden hatte. Die Erinnerung an solche Vorgänge könnte helfen, auch die Lehrauseinandersetzungen früherer Zeiten besser zu verstehen und gerechter zu beurteilen.

## *Zweiter Teil: Die Ordnungen*

Der zweite Teil der Kirchenordnung beschäftigt sich mit den Ordnungen des Gottesdienstes und anderen dazu nötigen Dingen, beginnt aber gerade deswegen mit einem ersten Abschnitt über die Prediger.

## Vom Amt und Dienst der Pfarrer

Wie auch noch heute, so soll niemand zur Predigt und zum öffentlichen Gottesdienst zugelassen werden, der nicht zuvor sich über die nötige Vorbildung ausgewiesen hat. Auch Nachweise über den Studienort und die bisherige Tätigkeit im Pfarramt werden verlangt. Darüber hinaus soll der Pfarrer geprüft werden, ob er die wichtigsten Artikel der christlichen Lehre, wie der erste Teil der Kirchenordnung sie festgelegt hat, beherrscht. Hat er sodann eine Probepredigt gehalten und ist in allen genannten Punkten als geeignet befunden worden, so wird er danach öffentlich ordiniert nach der Ordnung, wie Martin Luther sie seit 1535 in Wittenberg handhabte. Auch die Zulassung zum Heiligen Abendmahl wird damit verbunden. Der Pfarrer soll eben nicht nur das Heilige Abendmahl austeilen, sondern auch selber daran teilnehmen. Es mag verwundern, daß eine solche Zulassung zum Heiligen Abendmahl ausdrücklich ausgesprochen werden muß. Aber es ist eben damit zu rechnen, daß wir es damals mit einem in sich geschlossenen konfessionellen Territorium zu tun haben, für das jeder, der aus einer anderen Kirche kommt, als Ausländer gilt und darum der Zulassung bedarf. Das Konsistorium als Prüfungsbehörde hat zwar die Möglichkeit, sofern bei einem nicht ausreichend befundenen Kandidaten noch Hoffnung besteht, ihn durch entsprechende Unterweisung auf den nötigen Stand zu bringen, andernfalls soll der Betreffende stracks abgewiesen werden. Wer schon im Amt ist, soll seine Predigt nach der im ersten Teil gesetzten Norm ausrichten, aber auch seine Lehre mit einem unanstößigen Lebenswandel bewähren. Auch das geistliche Amt schützt nicht davor, im Falle öffentlichen Ärgernisses in entsprechende Zucht genommen zu werden.

Schließlich wird noch darauf hingewiesen, daß die Pfarrer ihren Ornat nicht nur beim Gottesdienst, sondern auch auf der Straße tragen. Es wird damit gegen einen Brauch angegangen, der sich vielfach, z. B. in Ostfriesland, eingebürgert hatte, wo nämlich auch die Pfarrer kurze pelzbesetzte Bauernröcke zu tragen pflegten.

Eine Ermahnung, sich von Dingen fernzuhalten, die ihr Amt nicht betreffen, vor allem von solchen, die der weltlichen Obrigkeit zugewiesen sind, beschließt diesen Abschnitt über die Pfarrer.

## Die Gottesdienstordnung in den Städten

Der Abschnitt über die Gottesdienstordnungen, der nun folgt, ist nach mancher Richtung hin lehrreich. Es wird hier unterschieden zwischen Pfarrkirchen in den Städten und wo Schulen sind auf der einen Seite und zwischen Gottesdiensten in Dörfern auf der anderen Seite. Das ist nicht weiter verwunderlich, die Stadt lebt damals eng gedrängt hinter Wall und Graben, umgeben von Mauern, deren wenige Tore jeden Abend sorgfältig geschlossen und morgens wieder geöffnet werden. Außerdem gibt es nur in Städten solche Schulen, deren Schüler im Gottesdienst in der Weise mitwirken, wie es die Kirchenordnung vorsieht.

Der Gottesdienst erstreckt sich nicht nur auf den Sonntag, sondern wird vorbereitet durch einen Gottesdienst am Samstag, der als der heilige Abend für jeden Sonntag gilt — uns ist heute der Heilige Abend nur noch vor dem Weihnachtsfest geblieben. Damals aber sollte nicht nur am Samstag, sondern auch am Nachmittag der Feiertage Gottesdienst gehalten werden. Die Ordnung dieses Gottesdienstes wird im einzelnen vorgeschrieben. Hierbei bilden die Schüler einen Chor, der bestimmte liturgische Stücke zu singen hat. Aber auch abgesehen davon soll jeweils ein einzelner Schüler eine Lesung nach dem Neuen Testament lesen oder aber die Zehn Gebote, den Glauben und das Vaterunser. Da dies abwechselnd in lateinischer oder in deutscher Sprache geschehen soll, konnten dazu nur solche Schüler gebraucht werden, welche der lateinischen Sprache mächtig waren.

Wir gewinnen erst heute wieder ein Verständnis dafür, daß der Pfarrer im Gottesdienst nicht als Alleinunterhalter auftreten sollte, sondern auch andere Gemeindeglieder, z. B. Lektoren, zur Mitwirkung im Gottesdienst berufen sind.

Auf eine gute kirchenmusikalische Gestalt des Gottesdienstes wird Wert gelegt. Organisten und Lehrer werden angewiesen, wie sie zu diesem Zweck zusammenwirken sollen.

Dieser Sonnabendsgottesdienst soll aber besonders die Einleitung sein für etwas, das bis heute so gut wie ganz verlorengegangen ist, nämlich die Beichte. Wer am kommenden Sonntag zum Abendmahl gehen will, soll nach beendetem Samstaggottesdienst zu diesem Zweck den Pfarrer entweder im Chor (also dem Altarraum) oder in der Sakristei aufsuchen. In den Häusern soll nur bei besonderem Anlaß Beichte gehört werden.

## *Anweisung zur Beichte*

An dieser Stelle schiebt sich nun wieder eine Anweisung über das Beichte-hören ein, wie denn überhaupt der Unterschied zwischen Lehrfragen und Ordnungsfragen dem Gesamtcharakter der Kirchenordnung gemäß sehr fließend ist. Diejenigen, die zur Beichte kommen, werden in drei Gruppen eingeteilt. Da sind zunächst diejenigen, welche vom Katechismus nichts wissen und nur aus Gewohnheit, oder weil sie nicht als Heiden angesehen werden wollen, zum Abendmahl kommen. Ihnen gegenüber soll der Pfarrer mit aller Sorgfalt verfahren und sie nicht einfach zum Abendmahl zulassen, sondern ihnen zuvor eine Zeit setzen, in der sie den Katechismus lernen können.
— Man denke, was heute bei einem solchen Verfahren passieren würde. —
Die nächste Gruppe sind Leute, die sich mit allerlei Lastern befleckt haben. Hier wird der Pfarrer angewiesen, sie nicht zum Abendmahl zuzulassen, sondern sie ernstlich zu ermahnen und zu erinnern. Wenn keine Besserung ihres Lebenswandels zu erwarten ist, so sollen sie weder absolviert noch zum Abendmahl zugelassen werden, „sie murren und zürnen darüber, wie sie wollen", heißt es wörtlich. Andererseits soll der Pfarrer kein Sittenschnüffler sein und vor allem dann, wenn etwa weltliche Rechtshändel zwischen ihnen zum Austrag gebracht werden sollen, sich nicht in diese einmischen, sondern lediglich vor Haß gegen die andere Partei warnen und ihnen nahelegen, nichts gegen ihr Gewissen zu tun.
Die dritte Gruppe sind Menschen, die mit geistlichen Anfechtungen zu kämpfen haben; sie soll der Pfarrer mit größter Sorg-

falt trösten und erquicken, damit sie mit Freude zum Tisch des Herrn gehen können.
Für die Ordnung der Beichte und Absolution wird auf Luthers Kleinen Katechismus verwiesen, wo sie heute noch zwischen dem vierten und fünften Hauptstück zu finden ist.
Diese allgemeine Vorordnung der Beichte vor den Gang zum Heiligen Abendmahl ist sicherlich nicht unbedenklich. Sie ist aber aus den damaligen Verhältnissen zu verstehen und zu erklären, und man braucht nur die Klagen Luthers über die Unwissenheit der Gemeindeglieder durchzulesen, wie er sie bei seiner eigenen Visitation in Kursachsen immer wieder festgestellt hatte, um die Bedeutung dieser Vorschrift zu erkennen. Allerdings wird diese Handhabung dazu beigetragen haben, daß die Beichte — obwohl an sich nicht darauf beschränkt — zum bloßen Katechismusverhör wurde. Hier dürfte eine der Wurzeln liegen für die nicht minder bedenkliche Erscheinung, daß die Beichte in der heutigen evangelischen Kirche so gut wie ganz verschwunden ist.

## *Ordnung im gottesdienstlichen Raum*

Als nächster Abschnitt folgt eine Anordnung über Sauberkeit der Kirchen, die ihres Inhalts wegen besonders abgedruckt ist (siehe Beilage I, Seite 63).
Es mag verwunderlich erscheinen, daß ein solcher Abschnitt ausdrücklich in der Kirchenordnung erscheinen muß. Zeitgenössische Berichte lassen aber erkennen, wie nötig eine solche Vorschrift damals war.

## *Gottesdienstliche Zeiten*

Der Gottesdienst am Sonntag beginnt mit der Frühpredigt oder Mette (Matutin). Sie soll an keinem Ort unterbleiben, wo sich Schulen befinden. Zu ihr wird vor fünf Uhr morgens geläutet, und sobald die Uhr fünf schlägt, beginnt dieser Frühgottesdienst nach einer im einzelnen sehr genau festgelegten Ordnung. Dieser Gottesdienst soll im wesentlichen der Einübung des Katechismus

dienen. Der Katechismus ist Predigttext, er wird Stück für Stück durchgepredigt, und wenn man damit zu Ende ist, wieder von vorn angefangen. Ausdrücklich wird vorgeschrieben, daß die Worte des Kleinen Katechismus Luthers vor der Predigt vorgelesen werden, wobei auch weitere Erklärungen aus dem Großen Katechismus hinzugenommen werden können.
Der Sinn dieser Vorschrift liegt natürlich darin, die Gemeinde mit dem Inhalt des Katechismus überhaupt bekanntzumachen. Der erste Katechismus im Oldenburger Land wurde erst 1599 gedruckt, also mehr als 25 Jahre nach Erlaß der Kirchenordnung. Da auch in den Städten längst nicht jedermann lesen und schreiben konnte, so war dieses Verlesen und Durchpredigen des Katechismus oft die einzige Möglichkeit, mit dem Inhalt bekanntzuwerden.
Der Beginn dieses Frühgottesdienstes durfte aber im Winter immerhin auf sechs Uhr verschoben werden, und es wird ausdrücklich zugestanden, diesen Gottesdienst je nach Zeit und Wetter auch zu verkürzen.
Der Hauptgottesdienst, in der Kirchenordnung Tagmesse oder Kommunion genannt, soll im Sommer um sieben Uhr und im Winter um acht Uhr beginnen. Auch für diesen Gottesdienst wird die Ordnung genau festgelegt, und die Schüler haben bei ihm ebenfalls ein erhebliches Teil beizutragen.

## *Der Küster*

In dieser Ordnung hat nun auch der vorhin schon erwähnte Oppermann oder Küster seinen bestimmten Platz. Er hat nämlich einen großen Teil des Gemeindegesanges anzustimmen und zu leiten, wobei Chor und Gemeinde miteinander abwechseln sollen. Man konnte eben nicht überall mit dem Vorhandensein von Orgeln rechnen und brauchte also zur Leitung des Gemeindegesanges eine dazu fähige Person. In späteren Zeiten ist dieser Oppermann oder Küster dann zum Schullehrer geworden, der vor allem in den Kirchdörfern auf dem Lande seinen Dienst zu tun hatte. Aber der Küster, wie noch mancherorts bis in die jüngste Vergangenheit hinein der Organist und Hauptlehrer genannt wurde, ist eben ursprünglich ein Kirchenbeamter gewesen. Und die alten Güterverzeichnisse der Kirchengemeinden weisen denn auch aus, daß bestimmte Ländereien im Besitz der Kirche waren, die als „Küsterland" zum Lebensunterhalt eben dieses Kirchenbeamten dienten. Erst später hat sich das Verhältnis umgekehrt, und der Organist war ein Lehrer, der seinen Organistendienst im Nebenamt versah.

## Die Predigt und das Gebet

Es interessiert, zu erfahren, was in diesem Zusammenhang über die Predigt gesagt wird. Sie soll etwa eine Stunde lang währen (man stelle sich das unter heutigen Verhältnissen vor), aber dafür wird der Pfarrer auch angewiesen, seine Predigt säuberlich in einzelne Abschnitte zu teilen, diese Abschnitte vorher den Predigthörern anzugeben und sie am Schluß noch einmal zu wiederholen und „zu Gemüte zu führen".

Das soll nicht allein dazu dienen, daß die Hörer etwas Bestimmtes aus der Predigt erfassen und behalten, sondern auch dazu, daß die Prediger selber fleißiger studieren, sich zur Behandlung bestimmter Stücke miteinander absprechen und nicht ohne Ordnung in die Menge hineinreden, wie es ihnen in den Sinn kommt. So heißt es sinngemäß übertragen.

Im weiteren Verlauf des Gottesdienstes wird das Vaterunser sowohl gebetet als auch eine besonders bestimmte Umschreibung des Vaterunsers verlesen.

## Die Abendmahlsfeier

Es gilt als Regelfall, daß sich nun die Abendmahlsfeier anschließt. Die Kommunikanten empfangen im allgemeinen auf der einen Seite des Altars das Brot, gehen darauf um den Altar herum und empfangen auf der anderen Seite den Wein. Die Kirchenordnung hält es auch keineswegs für unnötig, an dieser Stelle ein Sakramentslied einzufügen, das wohl eher als Sakramentsgebet gedacht ist. Es ist besonders abgedruckt (Beilage II, Seite 64, und Abbildungen 4 und 5).

## Von diesen Melodeyen mag ein jeder Priester eine nemen / die jme vnd seiner Stim am bequemsten.

NAch dem die wort des Testaments gesungen / Communiciere man das Volck mit beider gestalt / nach der einsetzung des Herrn Christi / vnd nicht anders.

VNd wo ein Diaconus oder Collega verhanden / sollen beide Priester beyjamen / einer des Herrn Leib / der ander des Herrn Kelch / dem Volck reichen / vnd sollen die Communicanten züchtiglich vmb den Altar (da denn auff jeder Seiten stelle vnd anleitung / darauff die Communicanten Knien können / sollen zu bereitet werden) herumb gehen / vnd auff einer seiten den Leib / auff der andern das Blut des Herrn in warer furcht vnd anruffung Gottes / demütiglich empfahen / wie dauon frome Kinder jnen vnd andern zur Lehr / zu sagen pflegen.

WEnn du wilt gehen zum Sacrament /
So beut dein nechsten deine Hendt.
Vertrag dich mit jn / bitt jm ab /
Das er kein klag mehr an dir hab.
Bekenn dein glaub / Beicht deine Sünd /
Erzeig dich als ein gehorsam Kind.
Den Abend dich nicht vberlad /
Sey messig / sonst ist dein der Schad.
Bet / les / sing / danck / erheb dein Hertz /
Denn dieser handel ist kein Schertz.
Fein nüchtern in die Kirchen gehe /
Bitte Gott vmb gnad / fein züchtig stehe.
Den armen Leuten bring dein gab /

Vbrig

*Abbildung 4: Sakramentslied*

Vbrig geschmuck nicht an dir hab.
Der Man das Heupt auffoecken sol/
Das Weib jr Heubt verdecken wol.
Die wehr / vnd lange Knebelbert/
Vnd seltzam tracht sind gar nichts werdt.
Zu dem Altar gehe Züchtiglich/
Vnd nieder Knie demütiglich.
Mache kein gedreng/nim dir die weil/
Aus der Gemein zu sehr nicht eil.
Wisch nicht fluchs mit der hand den Mund/
Vnd auff die Erdt sprütz nicht von stund/
Brauch deine Zunge vnd lefzen fein/
Mit Renerentz/ die ehr ist dein.
Gott vnd den Engeln gefelt dis wol/
Ein jeder solchs auch loben sol.
Bleib bey der gemein/harr bis zum end/
Zur Kirchenthür eil nicht behend.
Befihl Gott Seel/Leib/ehr/vnd gut/
Das ers als hab in seiner hut.
Lauff nicht gen Emaus bald hernach/
Der schade ist dein/Gott hat die rach.
In allen dingen behalt dir frey/
Das recht dein Glaub vnd gewissen sey.
Vnd ruff Gott an in aller not/
Er wird dir helffen frü vnd spat.

 Vnter der Communion singe man: Jhesus Christus vnser heiland. Item: Gott sey gelobet /Agnus Dei, deudsch oder lateinisch / Esaia dem Propheten. Den III. Psalm: Ich dancke dem Herrn von gantzem Hertzen etc. Darnach der Communicanten viel oder wenig sind.

*Abbildung 5: Sakramentslied (Fortsetzung)*

Während der Austeilung werden unter Kelch und Patene saubere Tücher gehalten, die verhindern sollen, daß etwas vom Heiligen Mahl auf den Fußboden fallen könnte. Sollte es aber einmal vorkommen, daß keine Abendmahlsgäste vorhanden sind, so gilt das als höchst bedenklich, und dem Prediger wird aufgegeben, die Gemeinde besonders zu häufigerem Abendmahlsgang zu ermahnen. Für diese Ermahnung werden ihm einige Richtlinien gegeben.

## *Predigten am Samstag, am Sonntagnachmittag und den Nachmittagen der großen Feste*

Am Sonntagnachmittag und an den Nachmittagen der großen Feste soll um ein Uhr die Kinderpredigt beginnen, in deren Mittelpunkt wiederum eine Katechismuspredigt steht.
In großen Städten soll um drei Uhr ein Gottesdienst für Erwachsene folgen.

## *Freihaltung der gottesdienstlichen Zeit*

Dies alles wird sowohl den Gemeindegliedern als auch den Obrigkeiten eingeschärft. Während der Predigt, es sei am Vormittag oder am Nachmittag, sollen keine Festlichkeiten irgendwelcher Art stattfinden, keine Getränke ausgeschenkt und keine Geschäfte geöffnet sein. Alles dies soll von der Kanzel verkündigt werden. Auch wird die Obrigkeit angewiesen, mit polizeilichen Mitteln bei Zuwiderhandlung einzugreifen.
Dieser Einsatz weltlicher und polizeilicher Gewalt für gottesdienstliche Zwecke, der uns heute abschreckend erscheint, ist damals allgemeiner Brauch. Er wird im Oldenburgischen vor allem zur dänischen Zeit sogar noch verschärft und ist sicher kein Ruhmesblatt der Kirchengeschichte jener Tage.

## Die Feiertage des Kirchenjahres

Ebenso wie die Sonntage bleiben besondere Festtage. Hier ist zunächst einmal Weihnachten zu nennen. Dies Fest wird an drei Tagen gefeiert, wobei der 26. Dezember dem Gedenken des ersten Märtyrers Stephanus und der 27. Dezember dem Gedenken des Apostels Johannes gewidmet wird, wie dies schon in Luthers Hauspostille, herausgegeben von Veit Dietrich im Jahre 1544, geschehen war. Es folgt der Tag, den wir heute als Neujahrstag begehen, der aber in unserer Kirchenordnung als Tag der Beschneidung Jesu Christi begangen wird. Wie schon bei Luther, so gilt offensichtlich auch für unsere Kirchenordnung das Weihnachtsfest als Neujahrstag: „... des freuen sich der Engel Schar' und singen uns solch neues Jahr", so heißt es ja in Luthers Weihnachtslied „Vom Himmel hoch, da komm ich her".
Es folgt der 6. Januar als Epiphanias oder Dreikönigsfest, ein Feiertag, der in der oldenburgischen Kirche fast vollständig verlorengegangen ist, nur die südlichste Gemeinde unseres Landes, nämlich Neuenkirchen, hat ihn bis heute als Feiertag behalten. Am 2. Februar wird der Tag der Offenbarung Christi im Tempel gefeiert mit seinem alten Namen Lichtmeßtag. Am 25. März wird der Tag Mariä Verkündigung gefeiert als Erinnerung an den Tag, da Maria die Botschaft des Engels empfing. Es folgt der Gründonnerstag als der Tag der Einsetzung des Heiligen Abendmahls. Im Zusammenhang damit wird besonders an die Verpflichtung erinnert, vormittags über die Einsetzung des Heiligen Abendmahls zu predigen. Karfreitag und Ostern, Himmelfahrt und Pfingsten sind uns auch heute noch bekannt. Am Sonntag nach Pfingsten wird das Trinitatisfest gehalten. Im ganzen ist man bis hierher bei der Ordnung der Feiertage geblieben, die sich bis zur damaligen Zeit herausgebildet hatte. Sehr energisch wird dagegen das am Donnerstag nach Trinitatis zu feiernde Fronleichnamsfest abgelehnt. Am 24. Juni wird der Tag Johannes des Täufers begangen, am 2. Juli der Tag, da Maria Elisabeth besucht hat und am 29. September der Michaelistag; der in der römisch-katholischen Kirche am 15. August gefeierte Tag der Himmelfahrt Mariä wird abgeschafft. Außer diesen Feiertagen werden als kleinere Feiertage die Aposteltage gehalten, es sind da das Fest des

Apostels Thomas am 21. Dezember, Johannes am 27. Dezember, Matthias am 24./25. Februar, sodann Philippus und Jakobus am 1. Mai, Petrus und Paulus am 29. Juni, Jakobus (der Sohn des Zebedäus) am 25. Juli, Bartholomäus am 24. August, Matthäus am 21. September, Simon und Judas am 28. Oktober und Andreas am 30. November. Hinzu kommen noch die Erinnerungstage an die Bekehrung des Paulus am 25. Januar, von Maria Magdalena am 22. Juli und von der Enthauptung des Johannes am 29. August. An all diesen genannten Aposteltagen soll aber nur vormittags gepredigt werden, der übrige Teil des Tages ist Werktag. Für alle diese Sonn- und Feiertage wird den Predigern auferlegt, den Sinn eines solchen Tages aus Gottes Wort recht klar zu machen, vor Mißbrauch der Feiertage zu warnen, aber auch die durch solche Tage angebotene Möglichkeit des Ausruhens nicht gering zu achten.

## *Der Klingelbeutel oder Almussäckel*

Es erscheint wiederum seltsam, daß an dieser Stelle der Kirchenordnung eine Vorschrift folgt, von der man meinen könnte, daß sie mit dem Gottesdienst jedenfalls nicht in unmittelbarem Zusammenhang stehe. Es ist der ebenfalls als Beilage III, Seite 65, abgedruckte Abschnitt von dem Almussäckel. Es handelt sich aber hier um einen Brauch, der nach alter christlicher und löblicher Gewohnheit in jedem Gottesdienst vorgenommen werden soll. Er ist hervorgewachsen aus einem Akt des altkirchlichen Gottesdienstes, dem sogenannten Offertorium, und ging der Abendmahlsfeier voraus. Hierbei wurden die Opfergaben der Gemeindeglieder zunächst auf den Tisch niedergelegt, später in Säcken eingesammelt. Es handelt sich hier um ein besonders wichtiges Stück reformatorischer Kirchenordnung. Das Mittelalter kannte ein weit ausgedehntes Bettelwesen, das nicht nur bedürftige Menschen, sondern auch bestimmte geistliche Orden pflegten und sogar als ein Gott wohlgefälliges Werk ansahen. Bettlerscharen vor den Kirchtüren waren keine Seltenheit, und wohlhabende Leute ließen sich gerne dabei sehen, wie sie Gaben unter diese Scharen verteilten.
Die Reformation suchte durch ihre sogenannten Kastenordnungen

(der Almussäckel heißt an anderen Stellen auch Gotteskasten) diesem Unwesen zu steuern und die Versorgung der Armen zu einer Aufgabe zu gestalten, welche der gesamten Gemeinde zukam. Diesem Zweck sollten auch die genannten Almosenkästen dienen. In manchen reformatorischen Kirchenordnungen, so z. B. der Leisniger Kastenordnung von 1523, wird noch ein zweiter Kasten erwähnt. Es handelt sich hier um einen Behälter, in den solche Einnahmen gelegt werden, welche aus anderen Quellen zur Besoldung der Prediger, der Erhaltung von Kirchen und Schulgebäuden und anderen wichtigen Aufgaben zusammenkamen.
In unserer Kirchenordnung wird ein solcher zweiter Kasten nicht erwähnt. Es würde den Rahmen dieser Ausführungen sprengen, wenn man nachforschen wollte, wie es damit in der Oldenburger Kirche gehalten worden ist.
Wichtig aber bleibt der Gedanke, der auch in unserer heutigen Kirchenordnung sich findet, daß jeder Gottesdienst Anlaß für die Gemeinde ist, ein entsprechendes Opfer zu bringen.

## *Ordnung der Werktagsgottesdienste*

Auch die Werktage bleiben nicht frei vom Gottesdienst, wenigstens in den Städten nicht. Hier sollen vielmehr am Dienstag, Mittwoch und Freitag im Sommer um sieben und im Winter um acht Uhr Frühpredigten gehalten werden. In diesen Predigten sollen vor allem solche biblischen Stoffe behandelt werden, welche in den sonstigen Predigtreihen nicht vorkommen. Darüber hinaus wird an jedem ersten Freitag eines Monats, und zwar sowohl in Städten wie Dörfern, ein öffentlicher Bußgottesdienst gehalten. Während unser heutiger Buß- und Bettag auf eine staatliche Verordnung zurückgeht, ist dieser monatliche Bußtag im Laufe der Zeit untergegangen, auch wenn man um seinetwillen die Frühpredigt am Donnerstag ausfallen ließ und nur um ein Uhr nachmittags eine Kinderpredigt anordnete. Diese sollte ebenso wie die am Sonntagnachmittag zur Behandlung und Erklärung des Katechismus dienen, wobei dann nicht nur gepredigt wurde, sondern auch durch zwischengeschaltete Fragen festgestellt wurde, wie es mit der Katechismuskenntnis bei Jungen und Alten beschaffen sei. Gerade die Älteren sollten öfter ermahnt werden, solche Kinderpredigt nicht gering zu achten oder zu versäumen, damit sie ihren Katechismus gründlich in- und auswendig kennenlernen. Deshalb wird auch besonders darauf geachtet, daß nur Luthers Katechismus gebraucht und andere verdächtige Katechismen abgewiesen werden. Für solche Bestimmung war einiger Grund vorhanden, denn in der benachbarten Grafschaft Ostfriesland befanden sich schon Katechismen in Gebrauch, die nach der reformierten Lehrauffassung gestaltet waren, so etwa der große Emder Katechismus von 1546, der kleine von 1554 und der Norder Katechismus vom gleichen Jahre.

## *Gottesdienste der Fastenzeit*

In der Fastenzeit soll an solchen Tagen die Leidensgeschichte gepredigt und den Hörern sorgfältig ausgelegt werden. Hier werden sogenannte Passionsharmonien gebraucht, das sind zusammenfassende Darstellungen der Leidens- und Auferstehungsgeschichte Jesu Christi aus allen vier Evangelien. Johannes Bugenhagen z. B. hatte eine solche in hochdeutscher Fassung 1534 erscheinen lassen. Auch die Karnevalszeit taucht schon auf, hier als Fastnacht bezeichnet. Sie beschränkt sich allerdings auf den Tag vor Aschermittwoch, an dem der Karnevalstrubel seinen Höhepunkt und Abschluß erreicht. Hier soll vor den Maskenumzügen gewarnt werden, die ja ursprünglich einen abergläubischen Schutz gegen lebensfeindliche Mächte und vielleicht auch eine Förderung der Fruchtbarkeit zum Inhalt haben. Die Gemeinde soll daran erinnert werden, daß sie in Christus einen neuen Menschen angezogen hat, der mit solcher häßlichen Verstellung durch Maskeraden nur geschändet wird.
Auch die gelegentlich am gräflichen Hofe gehaltenen Predigten werden in einem kurzen Abschnitt erwähnt.

## *Die Amtshandlungen*

In einem weiteren großen Abschnitt wird jetzt das behandelt, was heutzutage Amtshandlungen genannt wird.

## Die Taufe

Dieser Abschnitt beginnt mit der Taufe. Sie geschieht normalerweise im Gottesdienst. Nur in Notfällen darf in den Häusern getauft werden. In jeder Kirche muß ein Taufstein vorhanden sein. Es werden die Zeiten, an denen die Taufe gehalten werden soll, festgelegt, nämlich sonntagmorgens nach beendetem Abendmahlsgang, nachmittags kurz nach der Predigt, ebenso wie an den Werktagen.

## Kinder- und Jähtaufe

Sehr energisch wird darauf gedrungen, die Taufe alsbald nach der Geburt der Kinder zu halten. Schon eine Frist von acht Tagen nach der Geburt gilt als ungehörig: „man soll die armen Kinder nicht ohne Taufe liegen lassen."
In diesem Abschnitt zeigt sich eine Stellung zur Kindertaufe, wie sie aus der reformatorischen Polemik gegen die Schwärmer erwachsen ist. Weil diese die Kindertaufe teils für unnötig, teils sogar für gefährlich halten, wird hier um so mehr auf die Taufe schon der kleinsten Kinder gedrungen. Die Taufe gilt als ein Gnadenmittel, das auch den Neugeborenen nicht vorenthalten werden soll. Und wiederum wird hier auch die Obrigkeit dazu verpflichtet, auf rechtzeitige Taufe der Kinder zu achten. Die Tauforordnung wird nach Luthers Kleinem Katechismus geregelt, dem schon bei der dritten Wittenberger Buchausgabe von 1529 das selbständig verfaßte Taufbüchlein von 1526 beigegeben war.
Die damalige Auffassung von der Taufe erfordert natürlich auch die sogenannte Not- oder Jähtaufe. Wenn ein neugeborenes Kind vor der Taufe in Lebensgefahr geriet, so sollte unverzüglich der Pfarrer zur Taufe gerufen werden; aber auch jeder zum Abendmahl zugelassene Christ hatte das Recht, solche Taufe vorzunehmen. Sie sollte dann zu gegebener Zeit bestätigt werden.
Der erste Kirchgang der Kindesmutter soll nach sechs Wochen geschehen unter Begleitung anderer ehrbarer Frauen, aber alles übermäßige Feiern an diesem Tage unterbleiben.
Eine Konfirmationsordnung, wie sie andere Kirchenordnungen

dieser Zeit gerade auch an dieser Stelle bringen, finden wir in unserer Kirchenordnung nicht.
Es folgt vielmehr alsbald eine Trauordnung.

## *Die Trauung*

Ähnlich wie auch noch heute, geht ein Aufgebot voran, zu dem sich die Brautleute beim Pfarrer anmelden. Da es in jener Zeit noch keine Ziviltrauung gibt, amtiert der Pfarrer hier auch als Standesbeamter und muß als solcher mancherlei Obliegenheiten wahrnehmen, die an sich in diesen Bereich hineingehören. Er muß auf Ehehindernisse achten, wie sie etwa durch schon bestehende Ehe eines Teiles gegeben sein könnten, und er ist dabei natürlich auf die Mithilfe der Gemeinde angewiesen. Die Kirchenordnung wendet sich also gegen ein Verlöbnis, das lediglich durch formloses oder heimliches Übereinstimmen der Brautleute zustande kommt. Aus diesem Verfahren haben sich mancherlei Mißstände ergeben. Die Kirchenordnung will vielmehr die öffentliche Form des Verlöbnisses bzw. des Beginns der Ehe beibehalten, wie sie in Sitte und Rechtsgewohnheit trotz anderweitiger Bestimmungen des in der katholischen Kirche üblichen Rechtes lebendig geblieben war.

Dazu dient zunächst die öffentliche Bekanntmachung, daß die mit Namen Genannten in den Ehestand treten wollen, woran sich die Aufforderung anschließt, daß jedermann, der gegen die beabsichtigte Ehe etwas einzuwenden habe, diesen seinen Einspruch alsbald vorbringen, aber nach vollzogener Eheschließung schweigen möge. Sollte sich etwas Derartiges ergeben, muß die Trauung solange aufgeschoben werden, bis die Angelegenheit geordnet ist. Hier ist auch das Konsistorium einzuschalten, welches ja nach der Tradition ohnehin als Ehegericht tätig sein sollte. Wenn sich aber keine weiteren Einwendungen ergeben, so soll die Ehe auch öffentlich vor der Gemeinde und in Anwesenheit von Zeugen aus den beiderseitigen Familien begründet werden. Für die Trauordnung wird das Traubüchlein Martin Luthers vorgeschrieben, welches auch heute noch in der gebräuchlichen Ausgabe unserer Bekenntnisschriften zu finden ist. Es war dem Kleinen Katechismus

Luthers seit dessen erster Buchform im Mai 1529 schon beigegeben, wird aber am Schluß der Kirchenordnung noch einmal gesondert abgedruckt.

## Krankenbesuch und Krankenabendmahl

Ein wesentlicher Dienst des Pfarrers wird auch im Krankenbesuch erblickt. Für diesen Besuch wird eine eigene Ordnung entworfen, welche im Beginn der seelsorgerlichen Unterredung über den Zustand des Kranken dient, dann aber den Trost des göttlichen Wortes zuspricht, und zwar dem Kranken allein, ohne Anwesenheit seiner Angehörigen.

Es schließt sich an eine Ordnung des Krankenabendmahls, das in Gegenwart der Familienangehörigen gefeiert werden soll und im wesentlichen mit der auch sonst gebräuchlichen Abendmahlsordnung übereinstimmt.

Die Pfarrer werden angewiesen, die Kranken auch weiterhin fleißig zu besuchen und mit Gottes Wort zu trösten.

## Besuchsdienst bei zum Tode Verurteilten

Als weitere Amtspflicht des Pfarrers wird nun der Besuchsdienst bei zum Tode verurteilten Gefangenen aufgeführt.

Da die christliche Obrigkeit über das gesamte Gesetz Gottes zu wachen hat, muß sie auch Gelegenheit dazu schaffen, daß der zum Tode Verurteilte keinen Schaden an seiner Seele erleidet. Sie muß also Räume zur Verfügung stellen, wo die Prediger mit Wort und Sakrament den zum Tode Verurteilten beistehen können und auch die Möglichkeit zu seelsorgerlicher Hilfe gegeben ist. Hier werden nun sehr ins einzelne gehende Vorschriften aufgezählt, die sich aber doch auf drei Hauptziele richten:

1. Der zum Tode Verurteilte soll die Erkenntnis gewinnen, daß er nicht nur menschliche Gesetze übertreten, sondern auch gegen Gott im Himmel gesündigt hat. Von daher soll er zur Bekehrung zu Gott angehalten werden.

Das zeitliche Gericht, das die weltliche Obrigkeit verhängt hat, erscheint in diesem Zusammenhang nur als ein äußeres Zeichen des Gerichtes Gottes, das auch nach dem zeitlichen Urteil der Obrigkeit seine Kraft behält, wenn keine Versöhnung mit Gott zustande kommt.

2. Die Erkenntnis soll geweckt werden, daß die Versöhnung mit Gott, die aus solchem Anlaß zustande kommt, davor hätte bewahren können, daß der Verurteilte weiterhin bei seiner Sünde beharrt hätte.

Als Zeichen der Versöhnung soll dem Verurteilten die Absolution erteilt und das Abendmahl gereicht werden.

3. Nicht etwa das Erleiden der Strafe macht vor Gott gerecht, sondern nur das Verdienst Jesu Christi. Wo das im Glauben angenommen wird, soll auch der Verurteilte gewiß sein, daß er seine Strafe als ein Christ erleidet. Wer aber selber Vergebung der eigenen Sünde erfahren hat, soll auch gerne anderen vergeben, die an ihm schuldig geworden sind.

Es ist die nicht leichte Amtspflicht der Prediger, die Verurteilten zur Richtstätte zu geleiten.

## *Die Bestattung*

Dieser Abschnitt der Kirchenordnung schließt mit der Ordnung der Begräbnisse. Die Kirchhöfe waren in damaliger Zeit meist nicht gut im Stande. So dienten sie u. a. auch als Weideplätze für das Vieh und hatten oft keinerlei Einfriedigung.
Auch dienten sie vielfach als Versammlungsplätze oder einfach als Lagerplätze für Baumaterial. Dies alles will die Kirchenordnung um der Auferstehung willen abstellen. Der Kirchhof soll gerade als Begräbnisplatz in Ordnung gehalten werden, so daß die Angehörigen die Gräber der Verstorbenen besuchen können. Es hat sich auch der Mißbrauch eingeschlichen, daß die Bestattung selbst in sehr unordentlicher und hastiger Weise vollzogen wurde. Darum wird die Bestattungsordnung sehr sorgfältig ausgeführt. Bei jeder Beerdigung sollen die Schüler unter Aufsicht des Lehrers oder Kantors voraufgehen und dabei entsprechende Kirchenlieder singen. Nach den Schülern, also noch vor dem Sarg, geht dann der Pfarrer oder die Kirchendiener, welche sich nicht unter das Ge-

folge mischen sollen, sondern die geistlichen Lieder mitsingen helfen, die hier im einzelnen aufgeführt werden. Nach dem Sarg kommt das Gefolge, zuerst die Männer, dann die Frauen. Ist der Sarg ins Grab gesenkt und hat das Gefolge seine Almosen in den Gotteskasten gegeben oder auch auf den Altar gelegt, so wird dann die Leichenrede gehalten. Auch ohne Taufe verstorbene Kinder sollen nicht an besonderen Plätzen, sondern auf dem Friedhof — ebenso wie Erwachsene — bestattet werden, allerdings ohne Glockengeläut und Gesang. Aber alle diejenigen, die als Erwachsene sich in öffentlicher Sünde befanden und darüber hinweggestorben sind, sollen nicht wie andere Christen bestattet, sondern an einer abgesonderten Stelle eingescharrt werden, weil sie nicht wert sind, auf dem allgemeinen Kirchhof neben anderen frommen Christenmenschen zu ruhen.

## *Gottesdienstordnung auf dem Lande*

Die Kirchenordnung macht einen Unterschied zwischen den Gottesdiensten in den Städten und den Gottesdiensten in den Dörfern, also auf dem Lande. Das geht vor allem auf die damaligen Verkehrsverhältnisse zurück. Man hat keine gepflasterten Straßen, die Entfernungen sind manchmal weit; aber auch in der Marsch sind die Wege oft derart, daß — vor allem im Winter — der Gottesdienstbesuch mindestens sehr erschwert wird. Abgesehen davon sind aber auch die schulischen Verhältnisse gegenüber den Städten anders. Es kann daher nicht in dem vorgesehenen Maße auf die Mitwirkung der Schüler zurückgegriffen werden. Demnach wird die Gottesdienstordnung für das Land etwas verkürzt.

## *Gottesdienste an Samstagen und Vorabenden der großen Feste*

An allen Sonnabenden und an den Vorabenden der großen Feste soll um zwei Uhr eine Vesper gehalten werden. Das Abhalten dieses Gottesdienstes obliegt wesentlich dem Pfarrer und dem

Küster. Es wird durchaus damit gerechnet, daß beide in der Kirche allein sind und keine Gemeindeglieder sich eingefunden haben. Trotzdem wird der Gottesdienst gehalten, denn er wird nicht in erster Linie als Predigtveranstaltung gesehen, sondern als Lobgesang und Gebet. Sind aber Gemeindeglieder in diesem Gottesdienst anwesend, wozu fleißig aufgefordert werden soll, so wird in dem Gottesdienst eine Lesung aus dem Alten oder Neuen Testament, der Lobgesang der Maria und ein Gemeindelied eingefügt. Daran schließt — wie in den Städten — das Gespräch mit denjenigen sich an, welche am darauffolgenden Tage zum Heiligen Abendmahl gehen wollen.

## *Der Samstag als Studientag des Pfarrers*

Auch die Pfarrer müssen sich die Mahnung gefallen lassen, am Samstag nicht ihre Ackergeschäfte zu betreiben (damals lebt der Pfarrer noch von seinen Erträgnissen aus Ländereien, die zu seiner Pfarrstelle gehören, und bestellt sie daher auch selbst), er soll vielmehr am Samstag, abgesehen von der genannten Vesper, sich auf seinen Dienst am folgenden Tage wohl vorbereiten. Solcher Fleiß des Pfarrers wird sich auch auf die Gemeindeglieder wohltätig auswirken.

## *Frühgottesdienste*

Die Kirchenordnung rechnet damit, daß mindestens im Winter auch an den Sonntagen keine Frühpredigt gehalten werden kann. In der Zeit von Ostern bis Michaelis soll ein solcher Frühgottesdienst aber auch auf dem Lande stattfinden. Er dient vor allem der Erklärung des Katechismus. Nur an hohen Feiertagen soll er auch in den Dörfern wie in den Städten gehalten werden, allerdings rechnet man mit Ausnahmen.

## *Hauptgottesdienst*

Nach dem Frühgottesdienst folgt auch auf den Dörfern Messe

und Kommunion. Dieser Gottesdienst beginnt um acht oder neun Uhr, je nachdem, wie weit die Gemeindeglieder voneinander entfernt wohnen.
Die Ordnung dieses Gottesdienstes ist der Ordnung in den Städten sehr ähnlich, nur daß hier die weitgehende Mitwirkung der Schüler, wie sie für die Städte angeordnet ist, nicht erfolgen kann. Auch für die Nachmittagspredigt an den hohen Festen wird auf die Gottesdienstordnung für die Städte verwiesen. An den übrigen Sonntagen wird aber ein vereinfachtes Verfahren angeordnet.

## *Katechismusgottesdienst und Singstunde*

Da man auf dem Lande im allgemeinen aus vielen Gründen keine Nachmittagspredigt halten kann, so soll dennoch an diesen Nachmittagen ein Katechismusgottesdienst stattfinden, der etwa um ein Uhr beginnt. In diesem Gottesdienst sollen die fünf Hauptstücke des Katechismus verlesen und danach je ein Stück durch Frage und Antwort erklärt werden.
Der Pfarrer soll hier weniger selbst vortragen, als vielmehr die Gemeinde nach ihrem Verständnis des Katechismus fragen. Es wird großer Wert darauf gelegt, diesen Unterricht unermüdlich zu betreiben.
Die Kirchenordnung rechnet damit, daß vor allem bei den Kindern, aber auch bei den alten Leuten, die noch zu einer Zeit groß wurden, als es keine reformatorische Kirchenordnung im Oldenburger Land gab, ein großer Nachholbedarf besteht. Immerhin soll dieses Lehren und Fragen nicht länger als eine Stunde dauern. Es soll mit ihm eine Singstunde — wie man heute sagen würde — verbunden sein, damit sowohl die reformatorischen Kirchenlieder in den Gemeinden bekanntwerden, aber auch leichtfertige „Buhlenliedlein" (wie es wörtlich heißt) ihnen abgewöhnt werden. Diese werden von selbst verschwinden, wo Lust und Freude zum reformatorischen Kirchenlied geweckt werden.
An dieser Stelle folgt nun in unserer Kirchenordnung eine Schulordnung.

## Ordnung des Schulwesens

Die Verhältnisse sind damals gerade auch in diesem Punkt völlig andere gewesen als heute. Die allgemeine Schulpflicht, die heute selbstverständlich ist, gab es damals überhaupt nicht. Die bestehenden Schulen waren vor allem Schulen für künftige Gelehrte. Diese Schulen konnten auch nur von solchen Kindern besucht werden, deren Eltern ihnen die nötigen Mittel dazu gewähren konnten. Wohl hat es auch im Oldenburger Land hin und wieder Schulen gegeben — der mehrfach erwähnte Küster hat oft solchen Unterricht erteilt — aber das Ganze war doch recht zufällig und hatte keine feste Ordnung.

Hatte schon Luther mit allem Ernst darauf gedrungen, daß christliche Schulen eingerichtet werden sollten, so geht auch unsere Kirchenordnung ganz besonders auf diese Frage ein. Wo diese Schulordnung nicht gehalten wird, da muß das kirchliche und das weltliche Leben Schaden nehmen. Darum sollen sich sowohl die Obrigkeit als auch die Eltern vor allem angelegen sein lassen, gut ausgebildete Lehrer, Kantoren und andere Schuldiener in Dienst zu stellen, denn davon wird gerade die Jugend den größten Nutzen haben.

Wie sehr solche Ordnung nötig ist, zeigt sich auch darin, daß die Kirchenordnung auf zweckentsprechende Schulräume drängt. Oft genug allerdings ist gerade diese Bestimmung auf dem Papier geblieben, wie sich aus den Visitationsprotokollen immer wieder ergibt.

Es ist nun für den Fachmann außerordentlich interessant, sich mit den Einzelheiten dieser Schulordnung zu beschäftigen. Sie entspricht im ganzen den Ordnungen, wie sie auch in anderen evangelischen Gebieten bereits eingeführt waren. Im Mittelpunkt steht natürlich Bibel- und Katechismusunterricht. Aber auch andere Fächer, vor allem die Grammatik und Sprachübungen, werden nicht vernachlässigt. Es gibt Lehrer, welche in der Schule nur die Bibel lesen wollen, andere lassen sie überhaupt nicht zu Wort kommen. Beide Meinungen werden als unberechtigt abgewiesen. Auch der Musikunterricht, vor allem natürlich in kirchlicher Musik, soll nicht unterbleiben.

Damit man für den Unterricht aber auch Lehrer hat, die ihn sach-

kundig geben können, sollen solche, die ins Lehramt eintreten wollen, vorher examiniert werden, ob ihre Kenntnisse dazu ausreichen.
Die Erkundigungen, die einzuziehen sind, erstrecken sich auch auf ihren Lebenswandel, wie ihnen denn auch aufgetragen wird, während der Zeit ihres Amtes ein Vorbild für ihre Schüler zu sein.
Lehrer, welche meinen, nur mit Schelten und Schlägen Ordnung halten zu können, werden als ungeeignet für ihren Dienst angesehen.

## *Dienst der Schüler in der Kirche*

Der Dienst der Schüler in der Kirche wird nach den Erfordernissen der Gottesdienstordnung besonders geregelt.
Während der Predigt haben die Schüler sich unter Aufsicht ihrer Lehrer still an ihren Plätzen zu verhalten, auf die Predigt gut zu achten, um dadurch in der Lage zu sein, den wesentlichen Inhalt der Predigt nachher in der Schule wiederzugeben.

## *Schulzeit, Armen- und Mädchenschulen*

Die Schulzeit wird auf drei Stunden am Vormittag, nämlich von sechs bis neun Uhr, und drei Stunden am Nachmittag, nämlich von ein bis vier Uhr, festgelegt.
Die Armenschüler werden angeleitet, ihre Bittgänge in den Bürgerhäusern regelmäßig zu halten. Auch Luther selbst ist ja in seiner Jugend ein solcher „Partekenhengst" gewesen.
Ist diese Schulordnung in erster Linie auf Knaben zugeschnitten, so werden doch auch die Mädchen nicht vergessen. Hierzu sollen Lehrerinnen bestellt werden, die ihre Schülerinnen hauptsächlich im Lesen und Schreiben anhand des Katechismus sowie der Gebete und Gesänge Luthers anleiten. Auch die Mädchen sollen ebenso wie die Knaben im Katechismus gut Bescheid wissen und bei den angeordneten Befragungen entsprechend antworten können. Knaben und Mädchen werden beide zu einem ehrbaren und ordentlichen Verhalten ermahnt.

## Dienstordnung für die Küster

Amt und Versorgung der Küster wird ebenfalls geregelt. Gerade an dieser Stelle scheint ein besonderes Bedürfnis für solche Regelung bestanden zu haben. Man scheint oftmals für ihren Dienst ungeeignete Leute als Küster gehabt zu haben, die ihr Amt nicht sorgfältig ausübten und darüber hinaus auch noch in ihrem Lebenswandel allerhand Ärgernis gaben. Darum soll kein Küster angestellt werden, ohne daß die städtische Obrigkeit und der Superintendent dabei maßgebend mitgesprochen haben, insbesondere, was Kenntnisse und Fragen des Lebenswandels angehen.
Die Stücke, welche bei der Prüfung vorgenommen werden sollen, werden aufgeführt. Es beginnt mit den Fähigkeiten des Schreibens und Lesens, führt dann weiter über die Hauptstücke der christlichen Lehre und in den Kirchengesang hinein, damit er diesen Gesang richtig leiten und seine Pflege mit den Schülern in rechter Weise betreiben kann.
Seine Dienstobliegenheiten werden so geregelt, daß der Gemeindepfarrer der nächste Dienstvorgesetzte des Küsters ist, dessen Weisungen er nachzukommen hat. Er soll sich im Kirchengesang fleißig üben und damit zur Erbauung der Gemeinde beitragen. Es gehört auch zu seinen Dienstpflichten, zu rechter Zeit die Kirche auf- und abzuschließen, den Taufstein zu säubern und oft mit frischem Wasser zu füllen, die gottesdienstlichen Geräte wie auch den Kirchenraum und den Kirchhof stets gut in Ordnung zu halten. Das öffentliche Ausschenken von Alkohol, wie es die Küster damals vielfach übten, wird ihnen verboten. Bei anstößigem Lebenswandel sollen sie von ihrem Amt abgesetzt werden. Es wird ausdrücklich darauf hingewiesen, daß den Küstern an ihrer herkömmlichen Besoldung nichts mangeln soll. Sie sollen vielmehr alles bekommen, was dazu von alters her bestimmt war. Es hat später manche Mühe gekostet, auch den Küstern die zu ihrem Lebensunterhalt bestimmten Ländereien wieder zu verschaffen.

## Das Konsistorium

Der Abschnitt vom Konsistorium, der jetzt folgt, ist seiner Bedeutung wegen im Wortlaut wiedergegeben (siehe Beilage IV, Seite 65).

Zwar wissen wir für unseren Oldenburger Raum wohl die Namen der Mitglieder des ersten Konsistoriums, leider aber sind irgendwelche Protokolle über die Sitzungen dieses Konsistoriums nicht oder jedenfalls nicht mehr vorhanden, obwohl ausdrücklich bestimmt war, daß das Konsistorium jede Woche einmal zusammentreten solle, und auch ein Sekretär für die Protokollführung bestimmt war. So bleibt man für die Tätigkeit des Konsistoriums fast nur auf die Visitationsprotokolle angewiesen, wie sie sich bei den Reisen durch die Gemeinden in den Jahren nach 1573 ergeben haben. Aber nicht das Konsistorium als solches hielt diese Visitation ab, sondern es war immer der Superintendent oder Generalsuperintendent dabei, der kraft seines Amtes Mitglied des Konsistoriums war, und mit ihm ein Rat aus der gräflichen Kanzlei, der nicht Mitglied des Konsistoriums zu sein brauchte. So bleiben auch die Möglichkeiten von Rückschlüssen aus den Visitationsprotokollen auf Einzelfälle beschränkt. Es kann zwar vermutet werden, daß die Ehegerichtsbarkeit einen Hauptteil der Arbeit des Konsistoriums ausgemacht hat, aber das alles läßt sich eben nicht mit Gewißheit ermitteln. Man kann nur soviel sagen, schon Hamelmann und seine Nachfolger haben darauf gesehen und gedrungen, daß die große Unordnung, welche sie in den Gemeinden vorfanden, doch allmählich gebessert wurde. Die Mitglieder des Konsistoriums sollten sich ja überhaupt als treue Pfleger der Kirche und ihrer Bediensteten bewähren und beweisen.

Man macht in der Kirchenordnung einen deutlichen Unterschied zwischen weltlichen und kirchlichen Gerichten.

Vor die kirchlichen Gerichte gehören im wesentlichen Streitigkeiten in Lehrangelegenheiten und die Kirchenzucht über solche Personen, welche beharrlich bei ihrem unchristlichen Lebenswandel bleiben.

Im letzten Satz des Abschnittes vom Konsistorium taucht auch die Möglichkeit auf, Synoden abzuhalten und dazu verständige Männer aus anderen Kirchen zu berufen.

Das Konsistorium soll überall da einschreiten, wo in den Gemeinden die seelsorgerliche Ermahnung durch den Pfarrer nicht ausreicht. Das Konsistorium kann diese Leute vorladen und in Strafe nehmen, falls sie sich nicht bessern, auch weltliche Hilfe kann dazu in Anspruch genommen werden. Besonders werden alle Ehesachen — wie schon gesagt — dem Konsistorium zugewiesen und den Pastoren untersagt, sich selbst zu Richtern in solchen Angelegenheiten zu machen, weil sie das ordentliche Verfahren nicht innehalten können.

Das Konsistorium ist aber auch die Entscheidungsstelle für Streitigkeiten zwischen den Bediensteten der Kirche. Es hat dafür zu sorgen, daß alle die ihnen zustehende Bezahlung erhalten, soll aber andererseits alle Dinge, die nicht kirchliche Sachen sind, den weltlichen Gerichten überlassen.

## *Die Visitationsordnung*

Die Visitation, also der Besuchsdienst bei den Gemeinden, wird mit Recht als besonders wichtig angesehen. Das war in Oldenburg auch nötig, weil in der Zeit bis 1573 mancherlei Dinge vorgefallen waren, durch die kirchliches Eigentum seiner Bestimmung entfremdet worden war.

Wir besitzen noch heute die beweglichen Klagen etwa der Butjadinger über das, was Graf Anton I. ihnen an kirchlichem Gut geraubt hatte.

So war denn für die alsbald in Gang gesetzte Visitation Arbeit genug vorhanden. Lehre und Lebenswandel der Pfarrer, Verständnis und Besserung der Gemeinde in der Glaubenserkenntnis, öffentliche Laster, Ehebruch und Unzucht, Verachtung des Sakraments, Uneinigkeit zwischen Pfarrern und Gemeinden, aber auch Schutz und Erhaltung der Pfarrer in ihren Rechten, Gebäude und Einkommen der Kirche, Schulen- und Armenversorgung, alles das sollte bei der Visitation überprüft werden.

Zunächst wurde eine Generalkirchenvisitation angeordnet, die alle Gemeinden des Herzogtums Oldenburg umfassen sollte. Bei dieser Gelegenheit sollte erstmalig eine Feststellung des kirchlichen Eigentums erfolgen und darüber Register angelegt werden.

Für die Visitation selbst wurde folgender Gang vorgeschrieben: Nach Ankunft der Visitationskommission hatte zunächst das geistliche Mitglied der Kommission eine Predigt zu halten, in der dargelegt wurde, daß dieser Besuch zum Besten der gesamten Gemeinde erfolge; die Gemeindeglieder wurden aufgefordert, dabei nach Kräften mitzuhelfen. Danach wurden zunächst die Pfarrer, aber auch die Küster, in allen Hauptartikeln der christlichen Lehre geprüft. Nachdem diese Prüfung abgeschlossen war, ging man zu den einzelnen Fragen des Gemeindelebens über, wie die Pfarrer ihr Amt wahrnehmen, insbesondere, ob sie zur rechten Zeit predigen, das Abendmahl reichen, die Kranken besuchen und die Jugend im Katechismus prüfen; besonders auch, ob sie die Privatbeichte vor der Kommunion beibehalten haben. Die Bibliothek der Pfarrer wird geprüft, weil Bücher, welche falsche Lehre enthalten, darin nicht geduldet werden dürfen. Auch ist wichtig, ob die Pfarrer, Küster und Lehrer in Einigkeit miteinander leben und alle zusammen einen ehrbaren Lebenswandel führen.

Danach wenden sich die Fragen dem Leben der Gemeinde zu. Es wird nach solchen gefragt, die in öffentlicher Sünde leben, also etwa Ehebruch begangen haben, auch nach Zauberei und anderer öffentlicher Abgötterei wird sich erkundigt, genauso, ob jemand gotteslästerlich redet oder nicht zum Heiligen Abendmahl geht. Es würde zu weit führen, hier alle zwanzig Fragen aufzuzählen, auch aus dem Gesagten wird ein Eindruck davon entstehen, wie es bei solcher Visitation hergegangen ist. Diese Befragung erfolgt aber nicht unvorbereitet, die Fragestücke werden nämlich zweimal im Jahr, am Sonntag nach Ostern und am Michaelistag, von der Kanzel verlesen und die Gemeinde aufgerufen, sich zur Visitation bereitzuhalten, auch wenn eine solche nicht direkt bevorsteht.

Es versteht sich von selbst, daß in diese Fragen auch all das einbezogen wird, was in den vorhergehenden Stücken der Kirchenordnung den Pfarrern zu lehren aufgetragen ist, damit sichtbar wird, welche Frucht durch solchen Dienst geschaffen worden ist. Nicht nur die Bediensteten der Kirche, sondern auch Amtleute und Bürgermeister werden in die Visitation mit einbezogen. Sie sollen ja darauf achten, daß die Pfarrer nicht mutwillig beleidigt werden oder ihnen die gebührende Bezahlung vorenthalten wird. Sie sollen darauf achten, daß die zur Kirche gehörigen Gebäude nicht verfallen, sondern gut im Stande erhalten werden. Ebenso soll der Kirche entzogenes Eigentum ohne Verzug zurückerstattet werden. Wo aber Amtleute und Bürgermeister diesen Pflichten nicht nachkommen, sollen sie bei der gräflichen Kanzlei angezeigt werden. Der Graf selbst wird dann das Erforderliche veranlassen; so wird er auch an solchen Orten Bauholz liefern, wo es zur Errichtung oder Ausbesserung der kirchlichen Gebäude nötig, aber nicht vorhanden ist.

## *Die Synode*

Noch einmal taucht an dieser Stelle die Synode auf (siehe Beilage V, Seite 67). Aber es ist eine reine Amtsträgersynode, etwa dem heutigen Allgemeinen Pfarrkonvent vergleichbar, wo im wesentlichen der Generalsuperintendent eine Synodalpredigt für die Pfarrer hält und einer von den Pfarrern eine Gemeindepredigt halten soll, in welcher vom geistlichen Amt die Rede ist. Leider haben wir keinerlei Kenntnis davon, ob solche Synoden in der oldenburgischen Kirche jemals gehalten worden sind.

## *Die Ordination der Pfarrer*

Es folgt nun Luthers Ordinationsformular, welches allerdings nicht ganz abgedruckt wird. Die Gründe dafür sind nicht ersichtlich. Die Oldenburgische Kirchenordnung trennt aber die Ordination, die also nur einmal erteilt wird, von der Ordnung der Einführung. Das ist auch in der heutigen Zeit interessant, weil wir Entwürfe von Ordinationshandlungen haben, welche anläßlich der ersten Einführung in eine Gemeinde vollzogen werden sollen. Die Einführung wird im Unterschied von der Ordination beim Wechsel des Pfarrers in eine andere Gemeinde wiederholt, während die Ordination nur einmal erteilt wird. Das Formular selbst lehnt sich weithin an damals gültige Ordnungen an. In einer kurzen Form wird dann bestimmt, wie die Beichte gehandhabt werden soll. Wie schon weiter oben betont, soll niemand zum Abendmahl gehen, der sich nicht vorher beim Pfarrer gemeldet und nach Bekenntnis seiner Sünde die Absolution erhalten hat. Die allgemeine Beichte, wie wir sie heute noch gelegentlich haben, wird hier völlig abgewehrt. Jeder soll einzeln die Absolution empfangen und nicht zwei, drei oder noch mehr Personen zugleich. Die Form der Absolution, wie sie hier angegeben ist, entspricht der auch sonst üblichen und in den Kirchenordnungen anderer evangelischer Kirchen angegebenen Art.

## *Das Gebetbuch*

Anschließend folgt jetzt ein Gebetbuch, und zwar handelt es sich um diejenigen Gebete, welche in der Ordnung des vollen Gottesdienstes vor Lesung der Epistel gebetet werden. Es sind das die sogenannten Kollektengebete. Sie heißen darum so, weil durch diese Gebete die Gemeindeglieder zum andächtigen Hören auf die nun folgende Schriftlesung gesammelt werden sollen. Auch diese Gebete entsprechen weithin den in anderen evangelischen Kirchen üblichen Gebeten.
Ist der erste Teil dieser Gebetsammlung auf das Kirchenjahr bezogen, so folgen anschließend noch einige, welche zu allen Zeiten des Kirchenjahres gebetet werden können. In ihnen befinden sich aber auch Fürbitten aus besonderem Anlaß, also Gebete um Frieden, bei allgemeinen Notständen, für die gesamte Christenheit der Welt; endlich solche, die zu einzelnen besonderen Anlässen gegeben werden, also zum Begräbnis, für Gefangene, für die Feinde, für die, welche vom christlichen Glauben abgewichen sind, für treue Lehrer und Prediger, für die Obrigkeit und für manche andere Anliegen mehr.
Innerhalb dieses Gebetbuchs finden sich nun auch einige Stücke, welche bei besonderen Gelegenheiten gebraucht werden, deren Ordnung schon vorher behandelt worden ist.

## *Form der allgemeinen Beichte und des Fürbittengebets*

So sehr darauf gedrungen wird, daß die Privatbeichte erhalten bleibt, so gibt es doch auch schon eine Art der allgemeinen

Beichte und Absolution nach gehaltener Predigt, allerdings mit
dem Bemerken, daß sie nur da zur Anwendung kommen soll, wo
diese Form gebräuchlich ist. Ebenso gibt es eine ausführliche
Absolutionsformel für den gleichen Anlaß. Auch das heute noch
bekannte Fürbittengebet nach der Predigt findet hier einen Platz.
Das Fürbittengebet, das sehr ausführlich ist, verfolgt eine bestimmte Ordnung. Der erste Teil geschieht für die Erhaltung des
göttlichen Wortes und das Werden und Wachstum der christlichen
Kirche auch dort, wo sie unter Verfolgung zu leiden hat. Der
zweite Teil gilt der Obrigkeit, daß sie die reine Lehre des göttlichen Wortes annehmen möchte oder, wo das nicht geschieht, doch
die Bekenner der rechten Lehre dulden und alle gegen sie gerichteten Pläne nicht ausführen möge. Besonderer Dank wird Gott
dargebracht für das Oldenburger Grafenhaus, welches Gottes
Wort lieb hat und in seinem Land predigen läßt, damit es bei
diesem Werk bleiben kann, aber auch das Regiment des Oldenburger Grafenhauses zu Gottes Wohlgefallen und zum Besten
der Untertanen vonstatten geht. Auch die Räte, Amtleute und
andere weltliche Machthaber werden der Gnade Gottes befohlen.
Es wird abschließend gebetet für alle, die in besonderer Not und
Gefahr stehen, sowie auch darum, daß Gott das Land und die
Gemeinde vor Kriegen, Katastrophen und anderem Unglück
bewahren, auch die Früchte des Feldes gedeihen lassen möge. Hier
ist dann der Ort, wo jeder seine eigenen Nöte vor Gott bringen
kann und damit in das abschließende Vaterunser einstimmt.
Der Gemeinde wird empfohlen, dieses Gebet von ganzem Herzen
mitzubeten, aber auch dann, wenn ein besonderes Anliegen Erhörung fand, dem Pfarrer davon Mitteilung zu machen, damit
eine entsprechende Danksagung auch öffentlich geschehen könne.
Dies Gebet soll nicht etwa zwischen Verlesung des Evangeliums
und Predigt eingeschoben werden, lediglich in dem Fall, daß ein
Gemeindeglied in Todesgefahr das Gebet der Gemeinde erbittet,
kann ein solches Gebet auch vor oder nach Verlesung des Evangeliums geschehen.

## *Die Abkündigungen*

Von den Abkündigungen ist kurz die Rede, diese spielten damals eine viel größere Rolle als heute, denn es gab keine Zeitungen, und so wurden vielfach rein weltliche Angelegenheiten von den Kanzeln abgekündigt. Die Kirchenordnung möchte aber die Kanzeln von solchen Dingen verschont wissen und verweist auf andere Möglichkeiten, die aber nicht im einzelnen genannt werden.

## *Der Abendmahlsgang*

Nach dem Kirchengebet treten alle, die zum Abendmahl gehen wollen, vor. Es folgt eine Ermahnung zum rechten Empfang des Heiligen Abendmahls und danach die Abendmahlsfeier, wie es oben bei den Gottesdienstordnungen geschildert ist.

## *Die Taufordnung*

Nachdem schon weiter oben von der Taufe im allgemeinen die Rede war, wird jetzt die Taufordnung nachgebracht. Es handelt sich hier um die eigentliche Agende, die Form also, in der die Taufe vollzogen werden soll. Nachdem die Frage gestellt und beantwortet ist, wie das Kind heißen soll, folgt der Text, wie er in Luthers Taufbüchlein von 1526 enthalten ist. Wir finden also alle die Bräuche hier wieder, wie sie auch in dieser Lutherschrift angegeben sind, mit ganz geringen Abweichungen.

## *Die Trauordnung*

Ebenso wird jetzt die eigentliche Trauordnung gebracht. Es wird eine Aufgebotsformel angegeben, wie auch die eigentliche Trauordnung, die wieder im wesentlichen Luthers Traubüchlein entspricht. Allerdings weicht unsere Kirchenordnung insofern ab, als sie die gesamte Trauung in der Kirche geschehen läßt. Luther hat in seinem Traubüchlein in der Vorrede mehrere Möglichkeiten eingeräumt, ließ dann aber die Trauung vor der Kirche geschehen, weil sie ursprünglich ein weltlicher Akt war, nämlich die Wiederholung der gemeinsamen Erklärung der Brautleute und der Ritus der Eheschließung. Nur Schriftlesung und Gebet bzw. Segnung gehörten ursprünglich in die Kirche. Man kannte aber in manchen früheren Ordnungen auch den Brauch, die gesamte Trauung vor dem Altar vorzunehmen, weil dadurch der Öffentlichkeitscharakter dieser Rechtsordnung gestärkt wurde.

## *Eheverbote*

Der letzte Teil der Kirchenordnung befaßt sich im Zusammenhang mit der Trauordnung mit der Frage, welchen Personen aufgrund allzu naher Verwandtschaft die Ehe untereinander verboten ist. Diese Bestimmungen gehen schon auf das Alte Testament zurück und sind von daher in die kirchlichen Rechtsordnungen übergegangen. Auch Luther hatte sich in einer besonderen Schrift im Jahre 1522 mit der Frage beschäftigt: „welche Personen verboten sind zu ehelichen." Der ganze Abschnitt macht noch einmal deutlich, wie sehr damals der Pfarrer auch als Standesbeamter fungierte, während heute das Personenstandsrecht die erforderlichen Bestimmungen trifft.

## *Schlußbemerkung*

Dieser gesamte letzte Teil der Kirchenordnung wirkt recht unsystematisch. Das hängt aber mit dem Entstehen der Kirchenordnung zusammen. Als Hamelmann sein Amt antreten sollte, gab es eine solche Kirchenordnung noch nicht. Er konnte aber sein Amt nicht führen, wenn nicht entsprechende Bestimmungen erlassen wurden. So macht sich in diesem Punkt besonders deutlich, was schon die Vorrede erkennen läßt. Man hat offensichtlich auch in ziemlicher Eile auf solche Bestimmungen zurückgegriffen, wie sie bereits durch frühere reformatorische Kirchenordnungen gegeben waren. Das läßt sich auch an der Zusammenfügung der einzelnen Artikel nachweisen und kann im Rahmen dieser Übersicht nicht im einzelnen deutlich gemacht werden.
Die Zeitentwicklung ist über die Kirchenordnung hinweggegangen.

Immerhin ist sie eine recht lange Zeit im Oldenburger Lande in Geltung gewesen und hat das kirchliche Leben wesentlich beeinflußt und mitgestaltet.

Es steht der oldenburgischen Kirche wohl an, sich nach 400 Jahren dieser ihrer ersten Kirchenordnung wieder zu erinnern, denn „wer nicht sieht, woher er kommt, der begreift auch nicht, wo er steht, noch wohin er geht".

## Beilage I: Von Sauberkeit der Kirchen

*Der Kirchencustos oder Oppermann soll aufs wenigst alle Wochen einmal, nämlich am Sonnabend, die Kirchen durchaus im Chor und sonst, auch die Bohrkirchen (Emporen) kehren und reinhalten, desgleichen die Stühle (Kirchenstühle), und soll dazu nehmen und brauchen jedesmal einen Knaben, zwei oder drei aus der Schule, die ihm helfen, darum denn auch demselbigen Knaben jährlich eine Steuer (Beihilfe) zu Büchern oder Kleidung von den Kirchenherren und Fürstehern soll verordnet werden.*

*Desgleichen soll die Patel (Patene) und Kelch zur Kommunion, auch die Altartücher und was mehr dazu gehört, item (ebenso) Taufstein und Kannen, so zu jeder Zeit in der Kirchen gebraucht werden, und andere Geschirr, mit welchem man die Kranken pflegt zu besuchen, stets rein und sauber gehalten und gefunden werden, bei gewisser Strafe, welche die Vorsteher der Kirchen selbst benennen sollen, oder auch bei Verlust des Kirchendienstes. Auch wenn Mangel vorfällt an Zierat, an Kleinodien, Tüchern und dergleichen, es sei zum Altar oder zur Taufe (Taufstein) oder zum Predigtstuhl (Kanzel), soll der Küster solches allemal zeitig dem Herrn Pastoren oder Superintendenten anzeigen, der dann mit den Vorstehern der Kirchen dahin handeln soll, damit die Notdurft erstattet werde.*

## Beilage II: Abendmahlslied

Wenn du willst gehen zum Sakrament,
so biet dem Nächsten deine Händ.
Vertrag dich mit ihm, bitt ihm ab,
daß er kein Klag mehr an dir hab.
Bekenn dein Glaub, beicht deine Sünd.
Erzeig dich als ein gehorsam Kind.
Den Abend dich nicht überlad,
sei mäßig, sonst ist dein der Schad.
Bet, les, sing, dank, erheb dein Herz,
denn dieser Handel ist kein Scherz.
Fein nüchtern in die Kirchen gehe.
Bitt Gott um Gnad, fein züchtig stehe.
Den armen Leuten bring dein Gab.
Übrig Geschmuck nicht an dir hab.
Der Mann das Haupt aufdecken soll,
das Weib ihr Haupt verdecken wohl.
Die Wehr und lange Knebelbärt
und seltsam Tracht sind gar nichts wert.
Zu dem Altar gehe züchtiglich
und nieder kniee demütiglich.
Mach kein Gedräng, nimm dir die Weil,
aus der Gemein zu sehr nicht eil.
Wisch nicht flugs mit der Hand den Mund
und auf die Erd spütz nicht von Stund,
brauch deine Zunge und Lefzen fein,
mit Reverenz, die Ehr ist dein.
Gott und den Engeln gefällt dies wohl,
ein jeder solchs auch loben soll.
Bleib bei der Gemein, harr bis zum End,
zur Kirchentür eil nicht behend.
Befiehl Gott Seel, Leib, Ehr und Gut,
daß er alles hab in seiner Hut.
Lauf nicht gen Emmaus bald hernach,
der Schade ist dein, Gott hat die Rach.
In allen Dingen behalt dir frei,
daß recht dein Glaub und Gewissen sei.
Und ruf Gott an in aller Not,
er wird dir helfen früh und spat.

## *Beilage III: Von dem Almussäckel*

*An Sonntagen und Festen, auch anderen Feiertagen, an welchen vor- und nachmittags gepredigt wird, sollen allwege unter der Predigt, wenn der Text des Evangelii gelesen, zwei ehrliche fürnehme Männer als Vorsteher der Kirchen, jeder mit einem Säcklein, an einen langen Stab geheftet, daran ein kleines Glöcklein, alter und christlicher und löblicher Gewohnheit nach, wie dieselbige in allen rechtbestellten Kirchen bräuchlich ist, herumgehen und ein jeder sein gewisser Seiten oder Ort ordentlich haben und von den Leuten in der Kirche, so in Stühlen oder sonst vorhanden sind, Almosen in Gotteskasten, der dazu in der Kirchen stehen soll, einsammeln und dasselbige, so viel es ist, sobald in den Kasten werfen, welcher denn alle Vierteljahr einmal durch die genannten Vorsteher der Kirchen im Beisein und Gegenwart des Superintendenten oder Pfarrherrn aufgemacht soll werden und davon armen Schülern oder sonst hausarmen Leuten, Kranken und anderen, die der Almosen benötigt sind, Hilfe geschehen.*

*Es sollen auch zu dem genannten Kasten drei besondere Schlösser sein und zu jedem Schloß ein besonderer Schlüssel, deren zwei den zwei Vorstehern der Kirchen, so die Almosen einsammeln, der dritte aber dem Superintendenten oder Pastoren zugestellt werden soll, daß sie zugleich miteinander den Kasten zu rechter Zeit, wie oben angegeben, aufmachen können.*

*Es sollen auch die Prädikanten das Volk fleißig vermahnen zu solchem Almosengeben, und warum es angerichtet, und wohin und wozu es gebraucht werde. Und wie es Gott reichlich zu vergelten zugesagt, anzeigen.*

## *Beilage IV: Von dem Konsistorium*

*Jetziger Zeit haben die Kirchen und Schulen fast ihren einigen nervum an den Konsistorien, zu welchen jederzeit die Kirchendiener, so ihrem Amt treulich und fleißig auswarten, in allen ihren Beschwernissen und Anliegen ihre Zuflucht, die ungehorsamen aber, unfleißigen und ärgerlichen Kirchen- und Schuldiener von denselben gebührende Strafe zu erwarten haben.*

*Soll deswegen das Konsistorium aufs wenigste mit zwei vornehmen Theologen und zwei politischen, verständigen und erfahrenen Räten samt einem Notarius oder Sekretarius bestellt und in acht Tagen einmal gehalten werden, dazu dann ein gewisser Ort und gewisser Tag in der Woche soll ernannt werden.*

*Man soll aber beides wissen, daß großer und weiter Unterschied ist zwischen weltlichen Gerichten und Strafen und Kirchengerichten und Strafen, und daß gleichwohl die Kirche besondere Gerichte und Strafen haben muß, wie der Herr Christus diese Gerichte selber ordnet, Matth. 18, und sind ohne Zweifel zuvor in der ersten Väter Kirchen dergleichen besondere Kirchengerichte gewesen.*

*Und gehören darin vornehmlich zweierlei Sachen: Streit von der Lehre und Urteil wider diese in äußerlichen Sünden leben und nicht ablassen wollen. Von solchen Gerichten redet St. Paulus zu den Korinthern.*

*Es haben auch hernach die Bischöfe etliche Fälle von Ehesachen in diese Gerichte gezogen. Denn die Heiden haben öffentliche Unzucht und mutwillige Ehetrennung zugelassen. Solche Sünden zu strafen und zu verhüten, hat die Kirche sich solcher Sachen müssen annehmen, wiewohl hernach etliche canones gemacht sind, die auch sträflich sind, wie in diesem menschlichen Leben leichtlich Irrtum und böse Gewohnheiten einschleichen, so man eigenen Gedanken und nicht Gottes Wort folgt.*

*Nun befindet man leider in diesem elenden Leben, daß von Ehegelübden viel Irrungen vorfallen, hernach auch oft leichtfertige Verlassungen etc. und sind dieser Sachen so viel, daß sie ein besonderes Konsistorium bedürfen, darin gottfürchtige, gelehrte und verständige Männer sitzen. Darum bedenken wir auch, daß diese Sachen bei dem Kirchengericht bleiben sollen.*

*Wo nun Streit von der Lehre vorfallen, soll der Superatendent oder Pastor solches ans Konsistorium gelangen lassen. Das soll die Parteien fürderlich erfordern und zitieren und darin christlichen Prozeß halten laut der Instruktion, die ihnen von der ganzen Ordnung des Konsistoriums mit bedachtem guten Rat soll zugestellt werden.*

*Wo auch das Konsistorium selbst von solcher Uneinigkeit etwas vernommen, soll es förderlich unersucht die Parteien ex officio zitieren, Irrtum und Spaltungen in der Kirchen abzuwenden. Und so die Sachen großwichtig sind, sollen sie davon der Herrschaft Bericht tun, die weiter Rat haben wird, und so es Not ist, synodos halten und dazu verständige Männer aus anderen Kirchen berufen und bitten.*

## Beilage V: Von den Synoden

*Von Synoden soll bedacht werden, daß der Generalsuperintendent alle Jahre einmal ungefähr um Michaelis alle Pastoren zu sich erfordere und mit ihnen der Lehre halben, auch sonst von anderen Händeln, die vorfallen und ein jeder anzuzeigen hat, konferiere, damit alles mit oben beschriebener Ordnung übereinkomme und in seinem rechten Lauf und Stand mit Gottes Hilfe erhalten werde.*

*Und sollen die Pastoren von der Kirche ihre Zehrung, die nicht übermäßig, sondern im Konsistorium determiniert werden soll, zu jeder Zeit abfordern. Und soll der Generalsuperintendent für sich an alle anderen Pastoren eine Synodalpredigt (concionem synodalem) mit gutem Wohlbedacht haben und einen aus den anderen erwählen, der eine öffentliche Predigt in der Kirche von dem Ministerium zum Volk tue. Und darauf eine ziemliche Kollatio oder Mahlzeit gehalten werden.*

# NACHWORT

Ein Leser dieser Beschreibung der Hamelmannschen Kirchenordnung äußerte seinen Eindruck so: „Jetzt möchte ich eigentlich wissen, was in der Kirchenordnung selbst steht."
Leider ist der Text noch nicht wieder zugänglich. Er wird aber in absehbarer Zeit erscheinen in dem großen, von Emil Sehling begonnenen Werk: „Die Ev. Kirchenordnungen des 16. Jahrhunderts." Diese allgemein als „Sehling" bezeichnete Ausgabe wird fortgeführt vom Institut für Ev. Kirchenrecht der EKD. Dieses Werk wird auch die Hamelmannschen Kirchenordnung enthalten, und zwar im 7. Band (Niedersachsen), II. Hälfte: Die außerwelfischen Lande, 2. Halbband. Dieser Halbband, der wie die vorhergehenden im Verlag J. C. B. Mohr (Paul Siebeck) in Tübingen erscheinen wird, wird die Kirchenordnungen für diejenigen Gebiete umfassen, welche seit 1946 zum heutigen Bundesland Niedersachsen gehören und in den bisherigen Bänden noch nicht berücksichtigt wurden. Mit dem Erscheinen des genannten Halbbandes ist in absehbarer Zeit zu rechnen.
In diesem Zusammenhang muß ein herzlicher Dank ausgesprochen werden an Frau Professor Dr. Anneliese Sprengler-Ruppenthal in Göttingen, welche diesen Halbband (und auch schon andere des gleichen Werkes) herausgibt. Sie hat die schon vorhandenen Fahnenabzüge des bereits stehenden Satzes für diesen Halbband in großzügiger Weise zur Benutzung zur Verfügung gestellt und dadurch die Bearbeitung überhaupt erst ermöglicht.
Wenn diese Beschreibung bei vielen Interessenten den Wunsch erwecken sollte, den von der Herausgeberin sorgfältig edierten und kommentierten Text selber zu besitzen, so wäre damit ein wichtiger Zweck erfüllt.
Ferner gebührt Dank dem Herausgeberkreis des „Sehling", hier Herrn Professor D. Dr. Rudolf Smend, Göttingen, und Herrn Professor Dr. J. F. G. Goeters, Bonn, für die Genehmigung zur Benutzung der schon vorhandenen Vorarbeiten.
Endlich dankt der Bearbeiter Herrn Oberkirchenrat Dr. Rolf Schäfer, Oldenburg, der immer wieder mit Rat und Tat die Fertigstellung gefördert hat, sowie dem Ev.-luth. Oberkirchenrat

in Oldenburg für den Beschluß, diese Festschrift herauszubringen und die entstehenden Kosten zu übernehmen.

Auch dem Verlag Heinz Holzberg gebührt Dank für die Übernahme und Drucklegung dieser Bearbeitung, die ein Gedenkzeichen für das 400jährige Jubiläum der Hamelmannschen Kirchenordnung sein möchte.

Oldenburg, 7. Juli 1973

Kirchenrat Gerhard Wintermann